C000065737

VORTRAGEN OHNE ANGST

Der Erfolgsleitfaden für Rhetorik-Einsteiger.
So meistern Sie Ihre Kommunikations- und
Präsentationsfähigkeiten. Begeistern Sie Ihre Zuhörer als
selbstbewusster Redner!

GERARD SHAW

BONUSHEFT

Mit dem Kauf dieses Buches haben Sie ein kostenloses Bonusheft erworben.

In diesem Bonusheft „Morgenroutinen der Gewinner" erhalten Sie Übungen, die Sie in Ihrem Alltag problemlos anwenden können, um Ihr Selbstbewusstsein zu steigern.

Alle Informationen darüber, wie Sie sich schnell dieses Gratis-Bonusheft sichern können, finden Sie am <u>Ende dieses Buches</u>.

Beachten Sie, dass dieses Heft nur für eine begrenzte Zeit kostenlos zum Download zur Verfügung steht.

INHALTSVERZEICHNIS

EINLEITUNG

Niemand wird als begabter Redner geboren. Ich wünschte, ich könnte sagen, dass ich das erste Mal, als ich vor Publikum sprach, phänomenal war, doch das wäre eine glatte Lüge. Ich brauchte erst mehrere Misserfolge, bis ich lernte, wie ich das Sprechen vor Publikum beherrschen kann. Erst jetzt, nach mehr als einem Jahrzehnt des Übens und Lehrens, habe ich Antworten für all diejenigen gefunden, die ihre Karriere weiter vorantreiben möchten. Die Fragen sind stets thematisch unterschiedlich, doch die meisten beziehen sich auf die Ängste, die mit dem Sprechen vor Publikum verbunden sind. Mir wurde klar, dass es viele Menschen gibt, die sich noch an jenem Punkt befinden, an dem ich mich einst befunden habe, und dass sie lernen wollen, wie sie ihre Ängste überwinden können, bevor sie die Bühne betreten.

Ich möchte, dass Sie aus meinen Erfahrungen lernen, bevor Sie Ihren eigenen Weg beschreiten. Die Konzepte in diesem Buch sind diejenigen, die ich selbst angewandt habe und die es mir und den Menschen, die ich betreut habe, ermöglicht haben, erfolgreich vor Publikum zu sprechen. Ich weiß, dass Sie irgendwann einmal dieselben Momente erleben werden, die ich zu Beginn meiner Karriere erlebt habe und in denen ich gnadenlos versagt habe. Ich weiß jedoch auch, dass Sie erfolgreicher mit diesen Momenten umgehen werden.

In diesem Buch gehe ich auf zahlreiche Lösungsansätze sowie auf detaillierte Richtlinien ein, wie Sie Ihre lähmenden Ängste überwinden können. Sie werden mit Hilfe dieses Buches das Wissen erwerben, um sich weiterzuentwickeln und zu einem selbstbewussten und inspirierenden Redner zu werden. Dieses Buch enthält praktische Strategien, um erfolgreiche Reden zu verfassen und Ihre Kernbotschaft richtig zu kommunizieren. Ich weiß, dass diese Strategien für Sie funktionieren werden, weil sie während meiner langen und am Anfang manchmal schwierigen Karriere funktioniert haben.

Sie haben zu diesem Buch gegriffen, weil ein Feuer in Ihnen brennt, das Sie vorantreibt, und weil Sie die Art von Redner werden wollen, der ein Publikum in Ehrfurcht versetzen kann. Da Sie sich für das Sprechen vor Publikum interessieren, besteht eine hohe Wahrscheinlichkeit, dass Sie möglicherweise aus beruflichen, akademischen, gesellschaftlichen oder anderen Gründen bereits Reden und Präsentationen gehalten haben. Was auch immer Ihre Gründe sein mögen, ich kann mir den Druck nur zu gut vorstellen, der während des Präsentierens auf Ihnen lastet. Vielleicht wird Ihre Präsentation zu einem neuen Karriereweg oder zu einer Beförderung führen. Doch unabhängig von Ihren Gründen ist klar, dass Sie Ihre Fähigkeiten verbessern möchten.

Als ich noch jünger war, ließ mich der Gedanke, vor Publikum zu sprechen, vor Angst geradezu erschaudern. Der Gedanke, vor einem Publikum stehen und mich vorstellen zu müssen, reichte bereits aus, um mich nervös zu machen. Ich musste einen langen und mühsamen Weg beschreiten, um der erfolgreiche Redner zu werden, der ich heute bin. Ich möchte nicht, dass Sie diesen langen, mühsamen Weg, den ich auf mich nehmen musste, ebenfalls beschreiten müssen. Während dieser anstrengenden Reise habe ich viele Konzepte gelernt, die ich in diesem Buch mit Ihnen teilen werde. Erst nachdem ich selbst ein erfolgreicher Redner geworden war, begann ich damit, mein Wissen anderen Menschen zu vermitteln. Ich habe unglaubliche Veränderungen bei zahlreichen Rednern gesehen. Sobald sie die Techniken, Strategien und Methoden aus diesem Buch übernommen hatten, waren die neuen Redner immer voll des Lobes für das Selbstvertrauen, das ich ihnen vermittelt hatte, und für die Art und Weise, wie sich ihre Karriere als Redner in der Öffentlichkeit verbesserte. Aufgrund meiner Coaching-Tätigkeiten habe ich mit eigenen Augen gesehen, wie Menschen, die es sich noch nicht einmal zugetraut hatten, eine Bühne zu betreten, plötzlich Hunderte Personen begeisterten, während sie über das sprachen, was sie am meisten liebten. Es war egal, ob diese Redner einen Vortrag an einer Universität hielten, im Privatleben ihre Geschichten zum Besten gaben oder über Veränderungen sprachen, die sie für notwendig erachteten.

Auch Sie können ein erfolgreicher Redner werden, Ihre Ängste überwinden und Ihren eigenen Weg zum Erfolg finden. Die Reise beginnt mit Wissen:

- Wir gehen auf die Angst und die vielen Möglichkeiten ein, wie sie Ihre Fähigkeit, ein Publikum zu fesseln, lähmen kann.
- Sie werden lernen, wie Sie Ihre Angst mit bewährten, wissenschaftlich fundierten Techniken überwinden können.
- Sie erhalten Techniken, wie Sie eine Rede aufbauen, Ihre Botschaft finden und diese mit Zuversicht übermitteln können!

Alle Konzepte in diesem Buch stammen aus meiner jahrelangen Erfahrung in der Ausbildung von Weltklasse-Sprechern, die es im Laufe der Jahre geschafft haben, ihre Präsentationstechniken zu perfektionieren. Sie können diese Präsentationstechniken jetzt selbst verwenden, um Ihre eigene Karriere als Redner aufzubauen. Und Sie erhalten all diese Techniken jetzt in diesem Buch!

Es ist möglich, dass Sie aufgrund früherer Erfahrungen möglicherweise sogar daran gedacht haben, nie wieder vor Publikum zu sprechen. Mit dem Erwerb dieses Buches haben Sie bewiesen, dass Aufgeben nicht die Lösung ist. Sie wissen, dass Sie genug Zeit damit verschwendet haben, auf Ihre negativen Rückkopplungsschleifen zu hören. Beginnen Sie jetzt, diesen Rückkopplungsschleifen nicht mehr die Macht über sich zu geben, die ihnen ohnehin nicht zusteht. Sobald Sie anfangen, die erfolgreichen Strategien dieses Buches umzusetzen, werden Sie die Veränderungen sofort bemerken! Ich habe keinerlei Zweifel daran, dass Sie mit Ihren eigenen Augen sehen werden, wie sich Ihr Leben verändern kann, wenn Sie den ersten Schritt gemacht haben.

KAPITEL 1

Moderne Raubtiere können Sie nicht fressen

Tatsache ist, dass Angst essenziell wesentlich und notwendig für unsere biologische Selbsterhaltung ist. Unsere Vorfahren brauchten die Angst, um zu überleben. Angst war eine notwendige Emotion, die früher eine große Rolle spielte. Tatsächlich wären Sie und ich heute wahrscheinlich nicht hier, wenn unsere Vorfahren furchtlos beschlossen hätten, herumzustehen und von Säbelzahntigern gefressen zu werden, anstatt wegzulaufen. Angst hat also einen Zweck, der äußerst wichtig ist! Doch davon abgesehen hat Angst in unserer heutigen Gesellschaft keinen Platz mehr. Die Dinge, vor denen wir uns jetzt fürchten, sind einfach nicht so wichtig wie es Raubkatzen früher einmal waren. Wir führen heutzutage ein sehr angenehmes Leben und die meisten unserer heutigen Ängste sind mentaler Natur, die wir zulassen, um unser Glück zu zerstören.

Aus diesem Grund sollte Angst unsere Denkweise nicht bestimmen und wir sollten furchteinflößende Augenblicke ertragen können. Wir können die Angst an sich nicht ignorieren, aber wir können sie einfach akzeptieren. Unter den vielen Emotionen, die wir verspüren, ist Angst der Succubus – sie dringt in unser Unterbewusstsein ein, spricht vom Ende der Welt und stiehlt unser Vertrauen. Angst ist etwas Paranoides und überdeckt jede andere Emotion. Angst hält ständig Ausschau nach Gefahren, auch wenn wir nicht mehr vor Raubtieren davonlaufen oder mit Speeren jagen. Diese Art der Angst, die Adrenalinstöße in uns hervorruft, haben wir von unseren Vorfahren geerbt und ist eine veraltete Emotion. Unser Unterbewusstsein weiß nicht, dass wir die meiste

Zeit *nicht* in Lebensgefahr sind, sondern nur eine Rede vor fremden Menschen halten wollen. Deshalb hält die Angst Sie zurück, da
sie stets versucht, die Oberhand zu gewinnen. Angst hemmt die
Weiterentwicklung und hält Sie in einer Blase des Misstrauens gefangen. Behalten Sie Ihre Angst im Hinterkopf und lassen Sie sie
dann herauskommen, wenn Sie sie brauchen – und nicht dann,
wenn Sie nur wegen einer Rede vor Publikum nervös sind. Angst
gehört nicht dorthin. *Sie* können ein erfolgreicher, stolzer und
selbstbewusster Redner sein, der keine Angst hat. Lassen Sie also
Ihre Angst hinter sich und vergessen Sie all die Dinge, die ohnehin
nicht passieren werden.

Psychologie der Angst

Die primitive, irrationale Angst haben wir von unseren Vorfah-
ren geerbt. Doch schauen Sie sich heutzutage einmal um. Werden
Sie verfolgt? Seien wir ehrlich, Angst ist eine antiquierte Emotion.
Es besteht zwar kein Zweifel daran, dass die Angst unsere Vorfah-
ren am Leben erhielt, in unserem heutigen Alltag ist sie jedoch ein
Hindernis.

Worin besteht also die *Psychologie* hinter der Angst? Natürlich
findet die Angst nur in Ihrem Kopf statt. Sobald sich die Angst in
Ihren Gedanken eingenistet hat, wächst sie auf Kosten Ihres
Selbstvertrauens. Eine reale oder psychologische Angst löst in jedem Teil Ihres Körpers eine chemische Reaktion aus. Sobald Ihre
Gedanken eine Bedrohung wahrnehmen, wechselt Ihr Körper in
den Schutzmodus. Dann treten die körperlichen Reaktionen ein –
Schwitzen, Zittern und eine erhöhte Herzfrequenz. Jeder von uns
kennt diese Warnzeichen und hat schon einmal erlebt, wie diese
Gefühle entstehen und sich im Körper ausbreiten. Wenn Ängste
auftreten, dreht sich manchmal Ihr Magen um und das Angstge-
fühl erfüllt Ihren ganzen Körper. Psychologen nennen diese Pri-
märreaktion den *Flucht- oder Kampfkonflikt*. In der Öffentlichkeit
ist es dieser Emotion jedoch herzlich egal, ob Sie ein Publikum beeindrucken möchten oder eine wichtige Botschaft kommunizieren
wollen.

Traumata können Spuren in der Psychologie von uns Menschen hinterlassen. Diese Traumata können aus frühkindlichen Erfahrungen stammen, manchmal jedoch auch aus neueren Erlebnissen, die einen emotionalen Eindruck hinterlassen haben. Das Sprechen vor Publikum ist für die meisten Menschen ein traumatisches Ereignis. Vielleicht hatten Sie in der Vergangenheit eine Situation, in der Sie ein Wort falsch geschrieben oder sich nervös auf einer Bühne verhalten haben. Lassen Sie mich Ihnen jetzt Folgendes sagen: Mit einem solchen Erlebnis sind Sie nicht allein. Das ist schon vielen Menschen passiert. Betrachten Sie ein solches Erlebnis nicht als emotionale Narbe, sondern betrachten Sie es als ein Sprungbrett für eine Lernkurve. Denken Sie daran, dass es mehr Leute gibt, die während einer Präsentation einen Fehler gemacht haben, als Leute, die perfekte Präsentationen gehalten haben.

Wir haben also festgestellt, dass Ihre Angst aus Erinnerungen gespeist wird und wenn Sie zulassen, dass Ihre Angst die Kontrolle übernehmen kann, dann werden Sie wiederholt auf dieselben Probleme stoßen. Dies kann sich zu einer mentalen negativen Rückkopplungsschleife entwickeln, im Zuge dessen Ihr Gehirn die alten vertrauten Fehler immer wieder abruft. Wenn Sie Ihren irrationalen Ängsten zu häufig nachgeben, werden diese Ihre Lebensweise beeinträchtigen.

Ich weiß aus erster Hand, welchen Einfluss schlechte Erinnerungen auf zukünftige Unternehmungen haben können. Einmal machte ich einen Witz vor einer Gruppe von Menschen, der nicht gut ankam. Als ich meine Präsentation vorbereitete, war ich stolz auf mich, dass ich mir diesen Witz ausgedacht hatte. Ich war also mitten in meiner Präsentation und machte den Witz genau zur richtigen Zeit. Mein Publikum befand sich im Sitzungssaal und die Aufmerksamkeit aller Teilnehmer war auf mich gerichtet. Ich machte den Witz, lächelte und wartete auf die Reaktion des Publikums. Es blieb völlig still. Niemand lachte. Noch nicht einmal ein Kichern erfüllte den Raum. Stille kann während einer Präsentation eine gute Sache sein, doch wenn ein Witz nicht zündet, dann spüren selbst erfahrene Redner die Spannung.

Was habe ich also gemacht? Ich hätte mich selbst wochen-, wenn nicht monatelang wegen der missratenen Präsentation fertig machen können und wollte dies auch tun. Ich erinnere mich noch daran, dass ich mich fühlte, als würde mir an Ort und Stelle schlecht werden. Ich stammelte. Mein Gesicht wurde rot. Ich konnte fühlen, wie mein Herz raste. Verfolgte mich dieser schlechte Witz eine Zeitlang? Ja. Ich würde lügen, wenn ich Nein sagen würde. Doch ich ließ mich davon nicht abhalten.

Es dauerte einige Zeit, bis ich mich selbst wieder im Spiegel ansehen und herausfinden konnte, warum ich so verärgert über mich selbst war. Da wurde mir klar, dass ich die Situation akzeptieren musste. Es war schwer, mir selbst einzugestehen, dass ich es vermasselt hatte. Es war schwer, dass ich zugeben musste, dass Humor nicht mein Ding ist. Doch dies war der erste Schritt zur Besserung. Später stellte ich mir selbst die Frage, was mich an diesem Misserfolg so sehr störte und warum ich so nervös war, diese Präsentation in der kommenden Woche erneut zu halten. Ich war zu Beginn so stolz auf diese Präsentation, doch die Scham und meine Reaktion auf das Publikum, das nicht lachte, waren schrecklich. Hinterher wurde mir Folgendes klar: Wenn ich meine Präsentation fortgesetzt hätte als wäre nichts passiert, dann hätte ich mich nicht so schrecklich gefühlt. Das war meine Wahrheit und der Kern meiner Angst. Ich hatte Angst, dieselbe Reaktion nächste Woche wieder zu ernten. Es war mir peinlich, dass meine Hände gezittert hatten und dass ich während der Präsentation mein hellblaues Hemd durchgeschwitzt hatte. Ich musste den Kern meiner Angst erreichen, um die Präsentation diesmal erfolgreich zu halten. Als mir klar wurde, dass Angst nur Angst ist und keine dauerhaften Konsequenzen hat, konnte ich loslassen und beschloss, einige Änderungen vorzunehmen. Ich trug bei der nächsten Präsentation Schwarz und ließ den Witz weg. Als ich das nächste Mal die Präsentation hielt, trat ich vor die Menge und hatte keinerlei Probleme. Ich fand heraus, dass ich mir keine Sorgen machen musste und stolz auf mich sein konnte.

So konnte ich die Situation überwinden, indem ich meiner Angst nicht nachgab. Anstatt nachzugeben, akzeptierte ich die Situation, fand heraus, woran es lag, und nahm einige notwendige Änderungen vor. Diese Gefühle tauchten von Zeit zu Zeit wieder auf und die Erinnerungen an diese Situation sind nicht völlig verschwunden, doch ich gebe ihnen einfach nicht nach. Es gibt Zeiten, in denen Sie etwas Falsches sagen, was dazu führt, dass *Sie* stark schwitzen. Versuchen Sie einfach, diesem Gefühl der Niederlage nicht zu viel Beachtung zu schenken. Die Leute, die sich Ihre Präsentation anhören, sind wirklich an den Informationen interessiert, die Sie zu sagen haben. Sie möchten, dass es Ihnen gelingt, ihre Zeit sinnvoll zu füllen. Arbeiten Sie mit Ihrem Publikum und legen Sie Ihre Angst ab.

Ich weiß, dass dies für viele Menschen ein schwieriges Thema ist. Emotionale und physische Unsicherheiten manifestieren sich in Form eines trockenen Mundes und zitternden Knien. Es kann beruhigend sein zu wissen, dass Sie nicht der einzige sind, der sich vor dem Sprechen in der Öffentlichkeit fürchtet. Selbstbewusstsein ist genau wie Angst eine komplexe Emotion. Wenn Sie verstehen, dass Sie sich dazu entscheiden können, wie Sie auf Ihre Angst reagieren, dann werden Sie lernen, wie man dem Säbelzahntiger in die Augen schauen und sich weigern kann, sich von ihm dominieren zu lassen. Der erste Schritt besteht darin, den Tiger im Raum zu erkennen.

Angst anerkennen und akzeptieren

Sie verstehen jetzt, dass die Angst vor öffentlichen Reden psychologische Hintergründe hat und dass Sie damit nicht allein sind. Kommen wir also dazu, wie Sie Ihre Angst überwinden können! Jeder kann seine Angst besiegen, wenn er das Selbstvertrauen dazu hat, an seiner Angst zu arbeiten. Menschen, die Angst vor dem Sprechen vor Publikum haben, erleben oftmals – psychologisch gesehen – negative Rückkopplungsschleifen. Wenn Sie sich darauf vorbereiten, vor eine Menschenmenge zu treten, beginnt die Überwindung der Angst mit Akzeptanz und Anerkennung. Dies sind zwei Methoden, die Ihre allgemeine Lebenszufriedenheit verbessern.

Sie müssen sich zunächst Ihrer Emotionen bewusst sein, diese jedoch als Instrument zur Selbstverbesserung ablehnen. Beginnen Sie damit, Ihre Emotionen im Auge zu behalten. Führen Sie ein paar Tage lang ein Tagebuch, um herauszufinden, wie oft Ihre Emotionen Ihre Entscheidungsfindung beeinflussen. Sie müssen ehrlich zu sich selbst sein in Bezug darauf, wie und was Sie fühlen. Dies sollte zur Gewohnheit werden. Aus diesem Grund sollten Sie den ganzen Tag über Ihr emotionales Bewusstsein üben.

Wenn es um Ihre Angst geht, müssen Sie darauf achten, die Akzeptanz immer dann zu üben, wenn das drohende Gefühl des Scheiterns über Sie hereinbricht. Dies ist das Gegenteil davon, dieses Gefühl einfach zu ignorieren. Wenn Sie beispielsweise beginnen, Angst zu verspüren, lassen Sie sie zu, achten Sie auf Ihre Empfindungen, beobachten Sie so objektiv wie möglich, wie sich Ihre Angst entwickelt, und analysieren Sie anschließend Ihre alternativen Reaktionen. Dieser letzte Teil des Prozesses wird wahrscheinlich nicht während des Ereignisses selbst stattfinden, sondern ist eine positive persönliche Feedback-Technik.

Das Vermeiden negativer Emotionen scheint eine Überlebensstrategie zu sein. Es ist nicht schön, sich überfordert zu fühlen. Wir möchten oft, dass dieses Gefühl verschwindet, da es dazu führt, dass Sie sich unwohl fühlen. Zudem belasten negative Emotionen wie Traurigkeit, Hoffnungslosigkeit oder Einsamkeit unseren Körper, führen zu Stress und reduzieren unsere positive Energie. Im Gegensatz zu Freude und erfolgreich gehaltenen Reden vor Publikum bleiben negative, angstauslösende Emotionen tendenziell länger in unserem Gedächtnis bestehen, obwohl wir möchten, dass diese schnell vergehen.

Was ist also unsere erste, ganz natürliche Reaktion? Wir ignorieren das Gefühl. Hierbei handelt es sich um eine instinktive Reaktion. Wir glauben, dass ein negatives Gefühl einfach von selbst verschwindet, wenn wir es ignorieren. Leider geht es jedoch nie wirklich von allein weg. Diese Emotionen bleiben so lange bestehen, bis unserem Körper nichts anderes mehr übrig bleibt, als sie zu vertreiben. Wenn Sie zum Beispiel traurig sind und dieses Gefühl Tag für Tag beiseiteschieben, dann wird es plötzlich einmal auftauchen und Sie brechen in Tränen aus. Dies liegt daran, dass Sie Ihre Emotionen vermeiden. Diese Emotionen wirken sich nachteilig auf Ihren Körper aus und treten dann plötzlich zu Tage, sodass Sie sie nach einiger Zeit sogar noch stärker erleben. Negative Emotionen werden schlimmer, wenn Sie sie unterdrücken. Stellen Sie sich Ihren Körper wie einen Vulkan vor – irgendwann werden die negativen Emotionen aus Ihnen herausbrechen! Wenn Sie spüren, dass Ihre Emotionen aus Ihnen herausbrechen wollen, dann möchte ich, dass Sie etwas tun, das Sie womöglich überraschen wird: *Akzeptieren Sie es.* Ja, Sie haben richtig gelesen. Akzeptieren Sie diese Emotionen wie einen lange verschollen geglaubten Verwandten. Nehmen Sie diese Gefühle an und lassen Sie sie dann los.

Diejenigen Leser unter Ihnen, die dieses Verhalten ablehnen, fragen sich vielleicht: „Warum *sollte* ich das tun?"

Es ist wissenschaftlich erwiesen, dass ein emotionales Vermeidungsverhalten schlecht für Ihr körperliches und geistiges Wohlbefinden ist. Das Vermeiden einer Situation aufgrund von Angst wird schnell zu einer Falle, da Sie damit einen Komfortzustand schaffen, an den Sie sich gewöhnen. Wenn Sie Ihre Angst ignorieren, täuschen Sie sich selbst gegenüber vor, dass Sie glücklich sind, indem Sie Situationen und Menschen vermeiden, die Ängste in Ihnen auslösen. Sie vermeiden genau die Dinge, die in der Vergangenheit Angst in Ihnen ausgelöst haben. Schon bald werden Sie sich von Situationen fernhalten, die sich als vorteilhaft für Sie erweisen könnten. Ein solcher rationalisierter Komfortzustand erinnert an einen Läufer, der sich Junkfood zuwendet, nachdem er durch einen Stein im Schuh einige Tage außer Gefecht gesetzt wurde. Es ist leichter, an Gewicht zuzulegen, anstatt sich wieder aufzurappeln und die Gefahr einzugehen, sich wieder einen Stein im Schuh einzufangen. Sie werden mehr Angst vor der Erinnerung an die Prellung am Fuß als vor dem eigentlichen Schmerz haben und das Junkfood erscheint Ihnen angenehmer zu sein, als sich wieder aufzurappeln. Und das liegt alles nur daran, weil Sie Ihre Angst meiden.

Denn wir alle haben uns schon einmal in unserem Leben mit diesem schlimmen Zeitgenossen herumgeschlagen: der Angst. Wenn Sie Ihren Ängsten aus dem Weg gehen, geht ein Gefühl der Vorahnung damit einher. Sie fürchten sich davor, sich mit Ihrer Angst auseinandersetzen zu müssen. Und davon ernährt sich die Angst. Tatsächlich ernährt sich die Angst von sich selbst. Die beste Möglichkeit, um mit Ihrer Angst umzugehen, besteht darin, sie mitsamt der damit verbundenen physischen und mentalen Anzeichen zu akzeptieren. Es ist einfacher, sich der Angst zu stellen, wenn sie noch wie ein Chihuahua daherkommt, als zu warten, bis sie zu einem ausgewachsenen Pitbull geworden ist. Entwickeln Sie sich weiter.

Sich der Angst stellen

Sie können es nicht vermeiden, Angst zu bekommen. Sie zu akzeptieren und loszulassen ist der erste Schritt, um Ihr Publikum zu begeistern. Sobald Sie das getan haben, müssen Sie nur noch eines tun – stellen Sie sich Ihrer Angst und machen Sie das, wovor Sie Angst haben, trotzdem. Es ist kein Geheimnis, dass das Sprechen vor Publikum einschüchternd sein kann. Umfragen haben gezeigt, dass das Sprechen vor Publikum in uns Menschen schlimmere Ängste auslösen kann als der Tod. Denken Sie darüber einmal nach: Wir haben mehr Angst davor, vor Publikum zu sprechen, als vor dem *Tod*. Die meisten Menschen würden lieber sterben, als vor einer Menschenmenge zu sprechen. Vielleicht ist dies für Sie unverständlich oder vielleicht trifft diese Aussage auch auf Sie zu. Unabhängig davon bedeutet die Tatsache, dass Sie zu diesem Buch gegriffen haben, dass Sie bereit sind, sich Ihrer Angst mit voller Kraft zu stellen.

Und das sind die guten Nachrichten! Wenn Sie Ihre Angst kennen, wird sich Ihr Geist beruhigen. Psychologen wissen, dass sich ihre phobischen Patienten ihren Ängsten stellen müssen, um geheilt zu werden. Und dasselbe Konzept trifft auch auf Redner zu. Studien haben gezeigt, dass wir, nachdem wir uns unserer Angst gestellt haben, von einem adrenalininduzierten Gefühl des Wohlbefindens überwältigt werden, das im ganzen Körper spürbar ist. Ihre intensive Nervosität verschwindet und nach dem euphorischen Erfolgsgefühl fühlen Sie sich ruhig, wenn der Cortisol-Hormonspiegel sinkt. Deshalb gehen so viele Menschen Risiken ein, um sich ihren Lebensunterhalt zu verdienen – es handelt sich hierbei um ein natürliches High. Wenn man die Risiken von Ersthelfern oder Militärexperten betrachtet, scheint das Sprechen in der Öffentlichkeit ziemlich ungefährlich zu sein. Aber da viele Menschen lieber den Tod riskieren würden, als vor Publikum zu sprechen, stellen Sie sich Ihrer Angst und seien Sie ein Held, wenn Sie Ihrem Lampenfieber gegenübertreten. Sie denken sich vielleicht: *„Warum sollte ich das tun? Ich gehe ungern Risiken ein. Adrenalinstöße sind mir nicht wichtig."* Nun, die Wissenschaft sagt, dass Sie sich Ihren Ängsten stellen müssen, bis diese keine Kontrolle mehr über Ihr Leben haben.

Wenn Sie sich wiederholt Ihren Ängsten stellen, wird Ihr Verstand diese nicht länger als Bedrohung ansehen.

Setzen Sie sich mit Ihrem Lampenfieber geistig immer und immer wieder auseinander. *Dann wird Ihr Lampenfieber für Sie keine Bedrohung mehr darstellen.* Durch diese Akzeptanz wird sich die gesamte chemische Zusammensetzung Ihres Gehirns verändern und Sie werden nicht länger die intensiven physischen und emotionalen Symptome Ihrer Angst verspüren. Ich habe keinerlei Zweifel daran, dass Sie während dieses Prozesses genau das vermeiden möchten, wovor Sie Angst haben. Doch es ist wichtig, dass Sie sich Ihrer Angst stellen. Stellen Sie sich in kleinen Schritten Ihrem Lampenfieber, spüren Sie die Angstschauer und achten Sie darauf, wie sie langsam vergehen. Sie werden Ihren Körper trainieren können, sodass er sich darauf freut, Ihre Angst zu besiegen und diese Sie nicht mehr kontrollieren kann.

Der Großteil unserer Ängste ist absurd

Das klingt ziemlich gewagt, nicht wahr? Nun, mit dieser Aussage möchte ich nicht sagen, dass Ihre Ängste etwa nicht legitim sind. Das meine ich nicht damit. Ich will darauf hinaus, dass Ihre Ängste nicht auf der Realität beruhen. Ich bin davon überzeugt, dass die meisten Ängste nicht real sind. Haben Sie Angst davor, von einem Gebäude zu fallen? Ja, das ist definitiv eine Sache, vor der man Angst haben muss. Aber vor einer Menschenmenge stehen? Davor muss man nicht wirklich Angst haben!

Was geht Ihnen durch den Kopf, wenn Sie Angst bekommen?

Die Worst-Case-Szenarien! Und diese Worst-Case-Szenarien sind genau das – Szenarien. Sie existieren nicht. Sie finden nur in Ihrem Kopf statt und zeigen Ihnen wie eine Art Film die schlimmsten Dinge, die passieren könnten. Und dieser Film wird dann immer wieder abgespielt. Das Problem bei der ganzen Sache? Die Szenarien, die Sie sehen, werden alle in Ihrem Kopf erzeugt. Die Wahrscheinlichkeit ist hoch, dass sie niemals passieren werden. Wenn Sie weiterhin glauben, dass diese Szenarien real sind, geben Sie dem Gefühl der Angst nach, das mit diesen Szenarien einhergeht.

Eine solche Verhaltensweise kann ebenfalls als eine Form der Vermeidung angesehen werden. Sie vermeiden das, was Ihnen Angst macht, und machen es somit zu einem noch größeren Problem – unbewusst bekommen Sie so eine Ausrede dafür, sich Ihrer Angst nicht stellen zu müssen.

Ich möchte, dass Sie all Ihre Ängste in Bezug auf das Sprechen vor Publikum durchgehen. Ich möchte, dass Sie Ihre Ängste erkennen, sie akzeptieren und anerkennen und sie dann gehen lassen. Wenn Sie Ihre Ängste dabei laut aussprechen müssen, dann nur zu! Ich möchte, dass Sie sich sagen: „Diese Situationen gibt es nicht und keine von ihnen wird jemals eintreten." Wenn Sie sich mit diesen Sätzen davon überzeugen können, dass Sie sich nicht in Gefahr befinden und dass alles nur in Ihrem Kopf stattfindet, dann sind Sie der Überwindung Ihrer negativen Gedankenmuster einen Schritt näher gekommen. Ihr Verstand wird dann diese imaginären Szenen als das sehen, was sie sind – Ihre eigene, selbstzerstörerische Vorstellungskraft.

Sie werden sich gut fühlen, wenn Sie damit beginnen, sich Ihren Ängsten zu stellen. Sie können Selbstvertrauen aufbauen, indem Sie Dinge tun, die Sie nie für möglich gehalten hätten – aus diesem Grund verdienen sich manche Menschen ihren Lebensunterhalt damit, Risiken einzugehen. Ich möchte, dass Sie Stolz verspüren, wenn Sie kontrollieren können, wie Sie auf Ihre Ängste reagieren. Ich weiß, dass es nur eine Frage der Zeit ist, bis Sie das können!

Die Interviews mit einem Basketball-Star, die zu einer Comedy-Show wurden – Profil Klay Thompson

Wenn Sie kein Basketball-Fan sind, dann wissen Sie möglicherweise nicht, wer Klay Thompson ist. Er ist fünfmaliger All-Star und dreimaliger Champion. Man könnte meinen, dass es einfach für ihn wäre, über den Sport zu sprechen, den er am meisten liebt, und dass Interviews kein Problem für ihn sind. Leider hatte Klay mehrmals vor der Kamera ein komplettes Blackout. Dies machte ihn zum Liebling der Fans, doch leider aus den falschen Gründen.

Einmal gab er nach dem Sieg eines wichtigen Spiels ein nahezu legendäres Interview. Klay fehlten nicht nur die Worte, sondern die Worte, die er sagte, machten überhaupt keinen Sinn. Dieses Video von ihm ging bei Twitter viral und brachte viele Leute zum Lachen – leider auf seine Kosten.

Was hat Klay also gemacht? Er hat einfach nicht damit aufgehört, Interviews zu geben! Er gab immer wieder Interviews, egal zu welchem Anlass. Er tauchte sogar in den Lokalnachrichten auf, um seine Interviewfähigkeiten zu verbessern. Als Sportler wusste er, dass er üben musste, um besser zu werden. Und möchten Sie das Beste wissen? Er fing an, die ganze Sache mit Humor zu nehmen. Er wurde schließlich eine Art Komiker und seine lustigen Interviews kamen beim Publikum gut an.

Er ließ sich nie von einem schiefgelaufenen Interview aus dem Konzept bringen. Er interessierte sich nicht für die Kommentare im Internet und die der Journalisten. Sie können jetzt Zusammenstellungen seiner Interviews finden, in denen er sich über sich selbst lustig macht und sich nicht darum kümmert, was die Menschen über ihn sagen.

KAPITEL 2:

Ihr Publikum erwartet einen
furchtlosen Redner

Ich möchte, dass Sie an jemanden denken, der für Sie furchtlos ist. Wer ist es? Warum halten Sie diese Person für *furchtlos*? Ich möchte, dass Sie überlegen, warum Sie davon überzeugt sind, dass diese Person keine Angst hat. Wenn ich an Furchtlosigkeit denke, dann denke ich an Menschen, die etwas bewirkt haben – Gandhi, Malala Yousafzai oder Martin Luther King Jr. Dies sind alles Helden, die nicht nur vor wohlwollenden und kontroversen Menschenmengen gesprochen haben, sondern auch das moralische Bewusstsein unserer Gesellschaft weiterentwickelt haben. Haben diese Personen ohne Angst gesprochen? Definitiv. Erwarte ich, dass Sie als aufstrebender Redner eine Revolution beginnen? Vielleicht. In gewisser Art und Weise. Ich möchte, dass Sie *Ihr* Leben revolutionieren und Reden und Präsentationen über Ihre Leidenschaften halten. Sie und ich möchten, dass Ihre Stimme gehört wird, weil Sie etwas zu sagen haben. Es besteht kein Zweifel daran, dass es viele Menschen gibt, die dieselbe Leidenschaft wie Sie hegen, was immer diese auch sein mag.

Ich weiß, dass Sie dazu in der Lage sein werden, Menschen für sich einzunehmen und die beste Version Ihrer selbst zu werden. Ich möchte, dass Sie sich selbst übertreffen, auch in einer stressigen Situation. Sie können sich Ihren Weg nach oben bahnen und Ihre Angst verlieren, auch wenn sich Ihnen Hindernisse in den Weg stellen werden. Es geht darum, das Selbstvertrauen aufzubauen, Sie selbst zu sein und Ihre Ängste hinter sich zu lassen. Viele Menschen denken, dass Angst eine Emotion ist, die einfach *da* ist. Angst befindet sich oftmals wie ein Kind im Hintergrund

und tritt Ihnen dann gegen die Beine, wenn sie sich Aufmerksamkeit wünscht. Es scheint unmöglich zu sein, die Angst zu bezwingen – und in gewisser Weise stimmt das auch. Angst ist jedoch nur in dem Maße spürbar, wie Sie es zulassen. Wie bereits erwähnt, können Sie diese Emotion fühlen, anerkennen und akzeptieren, doch sie muss Sie nicht mehr kontrollieren.

Das klingt wahrscheinlich unglaublich. Furchtlos werden? Wie soll das gehen? Früher war ich so nervös, bevor ich vor eine Menschenmenge trat, dass mir regelrecht schlecht wurde. Es fühlte sich an, als würde sich mir der Magen umdrehen und als würde mir schwindelig werden. Dies sind nur einige der Symptome, mit denen ich zu kämpfen hatte, wenn ich vor eine Menschenmenge treten wollte. Mir fiel es schwer, meinem Gegenüber in die Augen zu schauen, weil ich es gewohnt war, nach unten zu blicken. Wenn ich auf dem Büroflur an einer Person vorbeigehen musste, dann starrte ich stets auf den Boden. Dies war mein natürlicher Zustand – und ich musste ihn ändern, je mehr ich über die Dinge sprach, für die ich eine Leidenschaft pflegte. Es war mir damals noch nicht bewusst, doch ich befand mich in einem ständigen Angstzustand. Ich dachte die ganze Zeit daran, was andere Menschen über mich dachten. Ich dachte, wenn ich verschwinden würde, dann könnten sie mich nicht mehr verurteilen. Doch als ich vor einem Publikum sprach, hatte ich keine andere Wahl mehr, als bemerkt zu werden.

Ich habe jedoch etwas gelernt: Nachdem ich meine Präsentation gehalten habe, war ich dankbar für die Angst, die ich zuvor verspürt hatte. Ich fühlte mich hinterher immer stolz und erleichtert. Das war ein tolles Gefühl! Doch dieses tolle Gefühl hätte ich nicht verspürt, wenn ich mich nicht meiner Angst gestellt hätte, meine Leidenschaft vorangetrieben und diese Angst überwunden hätte. Ich möchte, dass auch Sie dieses Gefühl verspüren. Bereiten Sie sich darauf vor, die Schritte, die ich im nächsten Kapitel ansprechen werde, zu üben, indem Sie die Auswirkungen erkennen, die Ihre Angst auf Ihren Alltag hat. Wenn Sie diese Auswirkungen kennen, können Sie lernen, Ihren Säbelzahntiger zu zähmen und ihn so zu trainieren, dass er auf Befehl brüllt.

Die Auswirkungen der Angst

Während wir die neurologischen Auswirkungen von Angst erleben, kann das Erkennen der zugrundeliegenden Probleme, die
die Angst verursachen, uns dabei helfen, unsere Angstsymptome
zu bekämpfen. Sogar erfahrene Redner haben immer wieder mit
situativen Problemen zu kämpfen. Wenn wir verstehen, wie unser
Geist und unser Körper auf unsere Angst reagieren, dann verstehen wir die Momente, in denen wir keine Kontrolle über unseren
Körper oder unsere Gedanken hatten. Sie müssen zuerst Ihren
Feind kennen, um ihn zu besiegen.

Angst lähmt unsere Gedanken

Hatten Sie als Kind jemals das Gefühl, von einem bösen Geist
beobachtet zu werden, sodass Sie sich nicht mehr regen konnten?
Oder haben Sie schon einmal erlebt, dass Sie aus einem Alptraum
erwachten und stocksteif in Ihrem Bett lagen? Als könnten Sie sich
nicht mehr bewegen und schon gar nicht weglaufen. Genau dieses
Erlebnis beschreibt der Ausdruck *„gelähmt vor Angst"*.

Und lassen Sie mich Ihnen sagen, dass dies häufig vorkommt.
So häufig, dass dies den meisten Menschen auf der ganzen Welt
schon einmal passiert ist. Es spielt keine Rolle, ob Sie Angst vor
der Dunkelheit haben oder davor, vor einer Menschenmenge zu
sprechen. Dieses Problem hat einen neurologischen Ursprung, das
mit unserer Kindheit zu tun hat. Ihre Fähigkeit, Erinnerungen im
Gedächtnis zu behalten, war noch nicht entwickelt. Nun werden
Sie sich fragen, warum Sie diese Angst nicht mittlerweile abgelegt
haben. Nun ja, es handelt sich um einen Reflex, der ganz natürlich
ist.

Der Furchtlähmungsreflex ist ein Entzugsreflex und beginnt
bereits im Mutterleib. Sie waren noch ein Fötus, als diese Verhaltensweise zum ersten Mal im instinktiven primitiven Teil Ihres
sich entwickelnden Gehirns auftrat. Zu den Symptomen des
Furchtlähmungsreflexes gehören Atembeschwerden, ein Gefühl

der Überforderung, Isolation, Rückzug und viele andere. Im Mutterleib reagierten Sie auf Stresssituationen, indem Sie sich zurückzogen und sich nicht mehr regten. Dies ist eine Art Teamwork-Reaktion mit dem Körper Ihrer Mutter, der instinktiv erfolgt und der Kind und Mutter schützen soll. Und die schlechte Nachricht? Die erlernten Reaktionen auf Stress können später im Erwachsenenleben weiterhin bestehen. Auch als Erwachsene können wir reflexhaft vor Angst erstarren, auch wenn keine wirkliche Bedrohung besteht.

Denken Sie daran, dass das Sprechen vor Publikum keine echte Bedrohung darstellt. Für Sie als Redner ist die gute Nachricht, dass primitive Funktionen wie ein wildes Raubtier in einem Käfig trainiert werden können. Ihr Verstand ist der Meister des Tieres.

Haben Sie schon einmal einen Film gesehen, in dem die Hauptfigur die Bühne betreten soll, es endlich schafft und dann völlig geschockt ist, als sie dem Publikum gegenübersteht? Nun, dieses Verhalten gibt es auch im richtigen Leben. Dies ist eine Form des Furchtlähmungsreflexes. Er tritt genauso wie im Film auf: Sie können nicht mehr klar denken und Ihr Körper krampft sich unkontrollierbar zusammen. Doch jetzt, da Sie den Furchtlähmungsreflex kennen, wissen Sie, dass dieser überwunden werden kann.

Angst beengt unsere Ausdrucksweise

Eine offene Körpersprache bekämpft den Furchtlähmungsreflex. Es geht darum zu zeigen, dass Sie selbstbewusst sind, auch wenn Sie nervös sind. Nichts strahlt Selbstvertrauen so deutlich aus wie eine starke physische Präsenz. Menschen nehmen jeden Tag unbewusst die Körpersprache anderer Menschen wahr. Unsere fortwährenden Gewohnheiten beim Lesen der Körpersprache anderer Menschen sind der Grund, warum Fernkommunikation – wie beim Schreiben von Briefen oder SMS – manchmal zu Missverständnissen führen kann. Dies liegt daran, dass es keinerlei

Körpersprache gibt, die die Bedeutung der gelesenen Wörter ergänzen könnte. Im normalen Leben können die meisten Menschen ein Lächeln richtig interpretieren, Handgesten verstehen oder als Zeichen des Selbstvertrauens aufrecht gehen und stehen. Wenn Sie jedoch Angst haben, verlieren Sie die Fähigkeit, die Botschaft Ihres Körpers zu kontrollieren. Dies kann sich nachteilig für Sie auswirken, wenn Sie eine Präsentation vor Publikum halten.

Es kann Sie viel Mühe kosten, Augenkontakt zu halten, wenn Sie nervös sind. Wenn das Adrenalin des Furchtlähmungsreflexes durch Ihren Körper strömt, möchten Sie einfach nur weglaufen und sich verstecken. Wenn Sie keinen Augenkontakt halten, dann sieht es möglicherweise so aus, als würden Sie versuchen, Ihrem Publikum auszuweichen. Sie sollten immer daran denken, dass das Publikum Zeit und Mühe investiert hat, um sich das anzuhören, was Sie zu sagen haben. Wenn das Publikum denkt, dass Sie es meiden wollen, dann kann es passieren, dass das Publikum das Gefühl bekommt, dass Ihre Botschaft seine Aufmerksamkeit nicht verdient. Und das ist genau das Gegenteil von dem, was Sie erreichen möchten.

Die Körpersprache kann sehr wichtig sein und den Respekt und das Engagement Ihres Publikums fördern. Ermutigen Sie Ihre Zuhörer daher unbedingt mit sinnvollen, spontanen Gesten und Handbewegungen, da diese den Blick des Publikums dahin lenken, wo es hinschauen soll. Auf diese Weise können Sie Ihre Botschaft effektiv ausdrücken. Zum Beispiel bauen überzeugende Redner häufig Intensität auf, indem sie einen Schritt vom Podium zurücktreten, oder sie steigern die Spannung, indem sie ihre Arme weit ausbreiten.

Hierbei steht die Körpersprache im Fokus und das, was sie Ihrem Publikum vermittelt. Wenn Sie Ihrer Nervosität nachgeben, beginnt Ihr Körper auf natürliche Weise, sich selbst klein zu machen, so als ob Sie versuchen, sich zu verstecken. Dies äußert sich in Ihrer Körpersprache als hängende Schultern, ein nach unten gesenkter Kopf und verschränkte Arme und zeigt Ihrem Publikum, dass Sie sich unwohl fühlen. Ihre Zuhörer bekommen unbewusst Zweifel an Ihrer Botschaft. Ihre Ausdrucksfähigkeit, egal ob sie durch Ihre Körpersprache oder durch Ihre Gesten zustande kommt, kann den Unterschied zwischen einer schlechten oder einer guten Präsentation oder Rede ausmachen. Sie können es nicht vermeiden, nonverbale Hinweise zu geben. Wenn also Ihre Angst Ihre Ausdrucksfähigkeit beeinträchtigt und sich Ihr Körper auf natürliche Weise verschließt, dann versteht Ihr Publikum möglicherweise nicht die wichtige Botschaft, die Sie kommunizieren wollen.

Angst stört die Beziehung

Sie möchten eine Beziehung zu Ihrem Publikum aufbauen. Ich muss mich korrigieren, Sie *müssen* eine Beziehung zu Ihren Zuhörern aufbauen, um eine erfolgreiche Rede oder Präsentation zu halten. Ich bin mir sicher, dass Sie das bereits wissen, und ich bin mir ebenfalls sicher, dass Sie nach dem Feuer suchen, das Ihnen dabei hilft, Ihr Publikum regelrecht „anzuzünden" – und das allein durch Ihre Worte. Das ist die Beziehung zu Ihrem Publikum, die nur hergestellt werden kann, wenn Sie sich selbstsicher und präsent fühlen. Das Problem hierbei ist, dass Angst Ihre Fähigkeit, dies zu tun, beeinträchtigt.

Angst hat nicht nur Auswirkungen auf Ihren gesamten Körper, sondern auch Ihr Geist wird auf „stumm" geschaltet. Deshalb kann es passieren, dass Sie vergessen, was Sie sagen möchten, oder den Faden verlieren, wenn Sie nervös sind. Sie können keine Beziehung zu Ihren Zuhörern aufbauen, wenn Ihre Angst die Kontrolle übernimmt. Der Furchtlähmungsreflex trägt seinen Teil dazu bei, ebenso die neurologischen Sensoren in Ihrem Kopf. Wenn unsere Angst überhandnimmt, haben wir Schwierigkeiten damit, sowohl verbale als auch nonverbale Hinweise zu verstehen. Es fällt Ihnen schwerer, Ihr Publikum zu „lesen".

Es spielt keine Rolle, ob Sie in einem kleinen Meetingraum vor Ihren Kollegen sprechen oder einen TED-Talk halten. Ich bin sicher, dass die Beziehung zu Ihrem Publikum von größter Bedeutung ist. Wenn Sie der Angst erlauben, die Kontrolle zu übernehmen, dann wird dies zu einem Problem.

Angst beeinflusst unsere mentale Verfassung

Ihre mentale Verfassung ist unglaublich wichtig, wenn es darum geht, vor Publikum zu sprechen. Schließlich möchten Sie sich von Ihrer besten Seite zeigen, wenn Sie eine Präsentation halten. Wenn Sie ständig in höchster Alarmbereitschaft sind, wirkt sich dies negativ auf Ihre Gesundheit aus und stört Ihre Präsentation. Sie können nicht erwarten, ein Publikum zu motivieren, wenn Sie ängstlich sind, weil Sie auf einer Bühne stehen. Es ist nicht einfach, seine eigenen mentalen Probleme zu lösen. Sie sollten jedoch nach Möglichkeiten suchen, um Ihr mentales Wohlbefinden zu verbessern.

Neben dem visuellen Aspekt, was Angst mit Ihrer Körpersprache anrichtet, kann sie Ihre Präsentation noch weiter beeinflussen. Wenn Sie für Ihre Rede üben, gehen Sie häufig bestimmte Sätze und Informationen mehrmals durch.

Angst beeinträchtigt Ihr Gedächtnis, indem die Fähigkeit zur Bildung von Langzeiterinnerungen geschwächt wird. Dies ist einer der Gründe, warum Sie Schwierigkeiten dabei haben, sich an bestimmte Wörter, Sätze, Fakten oder Pointen zu erinnern. Studien haben ergeben, dass Angst das Erinnerungsvermögen schwächt, wodurch Ihre beruflichen Tätigkeiten und Ihre persönlichen Beziehungen beeinträchtigt und natürlich auch Ihre Präsentationen schlechter werden.

Seien Sie furchtlos, um sich voll und ganz auszudrücken

Beim Thema Ausdruckskraft geht es nicht nur darum, Wörter, Aussagen oder Pointen hervorzuheben oder sich natürlich zu verhalten. Sie kennen sicherlich ausdrucksstarke Personen und wissen, wie diese auf andere Menschen wirken: Jeder im Raum achtet auf solche Menschen. Ausdrucksstarke Menschen haben etwas an sich, das andere Menschen fasziniert, weil solche Menschen Stimuli setzen, worauf andere reagieren können. In der Regel benutzen ausdrucksstarke Redner unterschiedliche Stimmlagen, streuen hin und wieder Pausen ein und faszinieren Ihr Gegenüber mit einer Vielzahl von Gesten und Gesichtsausdrücken. Ausdrucksstark zu sein bedeutet nicht nur, Ihre Lebensgeschichten an Ihr Publikum weiterzugeben, es geht darum, wie Sie sich präsentieren. Ich verstehe, dass Sie die Befürchtung haben, dass Sie zu emotional oder unprofessionell wirken könnten. Doch das ist nicht immer der Fall – besonders wenn Sie auf die richtige Weise ausdrucksstark sind.

Ich verstehe unter dem Begriff Ausdrucksstärke die Fähigkeit, sich gut verständlich auszudrücken, dass also Ihre Worte Ihren persönlichen Emotionen entsprechen. Die Menschen interpretieren diese Art von Aufrichtigkeit als authentisch. In einem späteren Kapitel werden wir detaillierter auf das Thema Authentizität eingehen. Wenn Sie ausdrucksstark sind, vermittelt Ihre Stimme in Bezug auf Ihr Thema etwas Wichtiges. Sie werden stets charismatischer und leidenschaftlicher erscheinen, weil Ihre Stimme und Ihr Körper Ihre Worte unterstützen.

Es ist nicht zu leugnen, dass die Ausdruckskraft eine der besten Möglichkeiten ist, um Ihr Publikum zu fesseln. Durch die Verwendung flüssiger Bewegungen in Kombination mit sinnvollen Gesten und einer einladenden Art und Weise, wie Sie Ihre Stimme verwenden, können Sie die Aufmerksamkeit Ihres Publikums auf sich ziehen. Wenn Sie Ihre Angst loswerden, strahlen Sie Furchtlosigkeit aus, überwinden Ihre Nervosität, beseitigen die Barrieren zwischen Ihnen und Ihrem Publikum und bauen eine Beziehung zu Ihren Zuhörern auf. Wenn Sie ganz Sie selbst sind, dann werden Sie feststellen, dass Sie sich auf der Bühne wohl fühlen.

Natürlich wissen Sie bereits, dass es nicht immer einfach ist, man selbst zu sein. Eine großartige Möglichkeit, etwas Privates über sich selbst zu teilen, besteht darin, sich in die Präsentation einzubringen – und zwar im wahrsten Sinne des Wortes! Erzählen Sie Geschichten aus Ihrem eigenen Leben oder erzählen Sie Ihrem Publikum Ihre Meinung zu einem Produkt oder über eine aktuelle Situation. Sie werden feststellen, dass dies zu einer entspannteren Atmosphäre beitragen kann, weil Sie das Gefühl bekommen, zu Freunden zu sprechen. Denken Sie daran, dass Ihr Publikum möchte, dass Sie seine Zeit sinnvoll füllen. Wenn Ihre Teilnehmer Sie näher kennenlernen, dann stellen Sie damit möglicherweise die wichtige Verbindung her, die sich Ihr Publikum wünscht, bevor es Ihre Botschaft akzeptiert.

Von gefeuert bis berühmt – Profil Oprah Winfrey

Ich weiß, was Sie jetzt denken: *Inwiefern war Oprah Winfrey nicht erfolgreich?* Ihr Name ist weltbekannt und sie gilt als eine der erfolgreichsten Frauen der Welt. Sie besitzt ein ganzes Imperium, das nach ihr benannt ist. Oprah Winfrey ist eine tolle Talkshow-Moderatorin, Autorin, Oscar-nominierte Schauspielerin und TV-Mogulin, die ihren eigenen Fernsehkanal besitzt und TV-Shows produziert, die auf der ganzen Welt zu sehen sind. Sie ist bekannt für ihre unglaubliche Stimme und die Fähigkeit, selbst die schwierigsten Menschen zu interviewen. Wie kommt es also, dass diese erstaunliche Frau jemals versagt hat?

Doch auch Oprah hat einmal klein begonnen und bevor sie die Frau wurde, die sie jetzt ist, verlor sie ihren Job als Nachrichtenreporterin bei WJZ-TV in Baltimore. Das stimmt wirklich. *Oprah*

Winfrey wurde gefeuert. Dies war eine schwierige Zeit für die Talk-show-Moderatorin, die gerade erst ihre Karriere begonnen hatte.

„Diese Entlassung hat mich bis ins Mark erschüttert", erinnerte sie sich Jahre später.

Man sagte Oprah, sie sei „nicht für das Fernsehen geeignet". Wenn sie auf ihren vorherigen Chef gehört hätte, hätte sie nie das Leben bekommen, das sie sich heute aufgebaut hat. Sie überwand ihre Angst und ging trotzdem wieder zum Fernsehen. Sie zog in eine andere Stadt und wurde Moderatorin einer mäßig erfolgreichen Talkshow namens *People Are Talking*. Aber Oprah gab nicht auf und wurde schließlich zu der ehrgeizigen und erfolgreichen Frau, die wir alle heute kennen.

KAPITEL 3 :

Mut im modernen Dschungel von heute

Nachdem Sie nun eine Vorstellung davon haben, wozu Angst führen kann, wollen wir uns damit befassen, wie Sie mehr Selbstvertrauen gewinnen können, wenn Sie vor Publikum sprechen! Das sind die Kernkonzepte, die Ihnen dabei helfen werden, selbstbewusster zu sein, damit Ihre Ängste Ihnen nichts anhaben können. Ich habe selbst gesehen, wie meine Klienten diese Konzepte im Laufe der Jahre umgesetzt haben und erfolgreiche Vortragsredner wurden. Das Erlernen dieser Konzepte erfordert viel Übung und Kontrolle, doch ich bin mir sicher, dass auch Sie dieselben Ergebnisse erzielen können! Sie können Ihr Lampenfieber überwinden und lernen, die Kontrolle zu übernehmen, wenn Sie eine Bühne betreten. Der erste Schritt besteht darin, Vertrauen in sich selbst aufzubauen.

Praktische Schritte, um Angst und Lampenfieber loszuwerden

Angst und Lampenfieber gehen Hand in Hand, denn die eine Sache kann ohne die andere nicht existieren. Lampenfieber wird definiert als Nervosität vor oder während eines Auftritts vor einem Publikum. Es ist ein schwächendes Gefühl, das nicht nur mental, sondern auch körperlich auftritt. Lampenfieber führt dazu, dass Sie schneller als durch jede andere Emotion Ihr Selbstvertrauen verlieren.

Es kann frustrierend sein, sich Tag für Tag mit Lampenfieber herumschlagen zu müssen, insbesondere wenn Sie in bestimmten Bereichen erfolgreich sein wollen. Lampenfieber kann schließlich dazu führen, dass Sie eine Prüfung nicht bestehen oder eine Beförderung verlieren. Es ist so, als würde Sie etwas zurückhalten! Sie sollten sich niemals schämen, wenn Sie unter Lampenfieber leiden. Wie ich bereits erwähnt habe, haben Umfragen gezeigt, dass ein Großteil der Menschen darunter leidet. Jeder erlebt Angst in der einen oder anderen Form – und Lampenfieber ist nun mal die Angst, die Sie verspüren.

Es steckt jedoch noch mehr dahinter. Erstens müssen wir mit der Angst beginnen, da sie für diejenigen Personen, die vor Publikum sprechen müssen, der größte Feind ist. Sie müssen zunächst einmal verstehen, woher Ihre Angst stammt, damit Sie kein Lampenfieber mehr haben. Sobald Sie die Sache herausgefunden haben, die Ihnen am meisten Angst bereitet, können Sie daran arbeiten, wie Sie sie lindern können.

Ich möchte, dass Sie die nachfolgenden Schritte in Ihrem eigenen Leben umsetzen, da diese Sie auf Erfolgskurs bringen und Ihnen gleichzeitig dabei helfen, Ihr Lampenfieber und Ihre Angst zu überwinden. Wenn Sie alle diese Übungen absolvieren, dann bin ich mir sicher, dass Sie sich innerlich besser fühlen werden. Sie sind es sich selbst schuldig, diese Übungen auszuprobieren und herauszufinden, welche für Sie am besten geeignet sind.

Jeder von diesen Schritten wird zweifellos etwas Arbeit erfordern. Sie müssen sie ständig üben, damit sie eine langfristige Wirkung erzielen. Sie müssen sich an diese Schritte erinnern, wenn Sie in der Öffentlichkeit sprechen, wenn Sie bei der Arbeit sind oder wenn Sie mit Freunden unterwegs sind. Sie müssen diese Schritte auch deswegen ausreichend üben, um sie verfeinern zu können.

Ihre inneren Kritiker zum Schweigen bringen

Wenn wir eine Stimme in unseren Köpfen vernehmen, dann ist es nicht immer eine intuitive Stimme, die Sie vorwärts treibt. Dies ist leider die Stimme, die Sie hören, wenn Sie einen Fehler gemacht haben oder wenn Sie das Gefühl haben, sich selbst zu blamieren. Ihr innerer Kritiker taucht oft aus dem Nichts auf. Er hält Sie wach, wenn Sie im Bett liegen und zu schlafen versuchen. Ihr innerer Kritiker hindert Sie daran, Ihr Potenzial auszuschöpfen und hält Sie in Ihrer Komfortzone gefangen.

Es besteht kein Zweifel daran, dass es Zeiten gibt, in denen wir dieser inneren Stimme zuhören müssen, beispielsweise bevor wir in einer Prüfung betrügen oder die Person anschreien, die wir lieben. Dies sind Fälle, in denen wir uns einen Moment Zeit nehmen müssen, um zu verstehen, wo wir uns gerade befinden. Doch solche Situationen sind eher selten. Ihr innerer Kritiker fügt Ihrem Alltag mehr Schaden zu, als dass er Gutes tut.

Unser ganzes Leben lang wird es uns zur zweiten Natur, unsere Mängel und Schwächen zu bekämpfen. Auch wenn Sie keine inneren Kritiker haben, so erinnert sich Ihr inneres Kind dennoch an Sätze wie: *„Du bist nicht gut genug, niemand mag dich!"* oder *„Du verschwendest deine Zeit"*. Sabotierende Gedanken wie diese spiegeln jedoch nicht die wahre Realität wider! Wir haben diese Täuschungen in Bezug auf uns selbst geschaffen und unsere innere Stimme nörgelt so lange, bis wir daran glauben, dass wir nichts tun können, um uns selbst zu verbessern.

Ich bin hier, um Ihnen zu sagen, dass Sie diese Stimme zum Schweigen bringen sollten. Diese Stimme, die ständig Befürchtungen äußert, sind nicht Sie. Ihr innerer Kritiker tut Ihnen nichts Gutes, indem er Ihnen schreckliche Lügen über Sie erzählt. Dieser launische Kritiker hindert Sie nur daran, sich weiterzuentwickeln. Wenn Sie dieses Muster untersuchen, dann werden Sie sich daran erinnern, dass ein solcher Negativismus oft durch schwierige Kindheitserinnerungen oder unglückliche Begegnungen mit negativen Menschen entstanden ist. Wenn Sie diese negativen Schleifen in Ihrem Kopf zulassen, dann werden diese nicht nur wichtige Ereignisse sabotieren, sondern auch Ihr zukünftiges Glück, da das Scheitern zur Gewohnheit wird.

Eine Möglichkeit, Ihren inneren Kritiker zum Schweigen zu bringen, besteht darin, täglich Selbstaffirmationen zu üben. Anstatt die negativen Schleifen Ihrer Vergangenheit immer und immer wieder in Ihrem Kopf abzuspulen, schreiben Sie ein neues Drehbuch beginnend mit „Ich werde jeden Tag besser darin". Indem Sie Ihren inneren Monolog ändern, bringen Sie die Negativität zum Schweigen. Achten Sie auf die mitleidige Stimme und verwandeln Sie sie in eine kraftvolle Stimme, die Ihren Bedürfnissen besser entspricht.

Wie bereits erwähnt, müssen Sie diese innere Stimme genau wie Ihre Angst anerkennen. Hören Sie, was diese innere Stimme zu sagen hat, und bemühen Sie sich dann bewusst darum, sie loszulassen. Wenn Sie die mit dieser Stimme verbundenen Emotionen loslassen, dann werden Sie schnell vergessen, dass Ihre innere Stimme überhaupt existiert. Ihr innerer Kritiker wird wieder auftauchen, doch wenn dies der Fall ist, werden Sie sich darüber keine Sorgen machen, weil es nicht mehr notwendig ist. Sie werden Ihren inneren Kritiker hören und dann loslassen, ohne etwas zu fühlen.

Wenn Sie feststellen, dass Ihre innere Stimme die Oberhand gewinnt, dann können Sie aufschreiben, was sie sagt. Einige Leute führen Tagebücher oder verwenden die Notizen-App auf ihrem Handy. Sie können entscheiden, was für Sie besser funktioniert. Schreiben Sie auf, was Ihre innere Stimme Ihnen sagt, auch wenn dies schmerzhaft sein kann. Wenn Sie Ihre aufgeschriebenen Zweifel ansehen, dann kann es sein, dass Sie sie glauben. Doch geben Sie ihnen nicht nach. Sobald Sie diese Wörter aufgeschrieben sehen, wird ihre Irrationalität aufgedeckt. Antworten Sie, indem Sie daneben die Wahrheit schreiben. Wenn Sie beispielsweise schreiben „Niemand möchte mich hören", können Sie Folgendes daneben schreiben: „Ich habe etwas Wichtiges zu sagen und die Leute hören mir gerne zu."

Überwinden Sie die Negativität. Praktizieren Sie Positivität. Schreiben Sie sich so lange positive Affirmationen auf, bis Sie beginnen, sie zu glauben. Lassen Sie diese optimistischen Worte zu

Ihrer neuen inneren Stimme werden. Wiederholen Sie diese positiven Affirmationen so lange, bis sie für Sie zum Gesetz geworden sind. Dies ist ein Beispiel, wo das alte Sprichwort „*Übung macht den Meister*" wirklich zutrifft.

Visualisierung

Sie haben vielleicht noch nie von Visualisierung gehört, doch ich bin sicher, dass Sie diese Technik schon einmal geübt haben, ohne dass Sie es wussten. Wenn Sie sich beispielsweise einmal vorgestellt haben, auf eine Bühne zu gehen und eine Auszeichnung anzunehmen, oder davon geträumt haben, ein bestimmtes Auto zu fahren, dann haben Sie die Visualisierungstechnik in Ihrem eigenen Leben bereits angewandt. Dies ist ein Kernkonzept, mit dem Sie Ihre Angst vor einer großen Rede oder Präsentation lindern können. Diese Technik hilft Ihnen nicht nur dabei, Hindernisse zu überwinden, sondern unterstützt Sie auch dabei, sich vorzustellen, wie Sie mit nervenaufreibenden Situationen umgehen sollen, weil Sie dadurch das Gefühl haben, diese bereits überwunden zu haben.

Warum sollten Sie Visualisierungstechniken verwenden? Nun, weil die Effektivität wissenschaftlich erwiesen wurde! Studien haben gezeigt, dass das Gehirn beim Visualisieren nicht erkennen kann, ob das, was Sie erleben, real ist oder nicht. Wann immer Sie sich eine Situation lebhaft vorstellen, ändert sich die chemische Zusammensetzung in Ihrem Gehirn, um das zu ergänzen, was Sie sehen. Zum Beispiel: Wenn Sie sich vorstellen, eine Trophäe zu gewinnen und diese in die Höhe zu halten, bekommen die Muskeln in Ihren Armen Nervenimpulse, weil Ihr Verstand denkt, dass es wirklich passiert.

Wie Sie jetzt wissen, kann Angst oft deswegen entstehen, weil Sie sich vorstellen, dass etwas Schlimmes passieren wird, bevor die Situation Realität wird. Stellen Sie sich eine Situation wie eine Tischrede oder eine Präsentation vor und visualisieren Sie, wie Sie eine solche Rede halten. Ihre Visualisierung wird Ihnen das Gefühl geben, bereits erfolgreich zu sein, und das alles nur, weil Sie es technisch gesehen bereits waren!

Lassen Sie uns darauf eingehen, wie Sie die Visualisierungs-technik sofort üben können. Zunächst einmal funktioniert sie am besten, wenn Sie allein in einem Raum und entspannt sind. Wäh-len Sie zuhause einen Bereich aus, wo es still ist. Legen Sie sich für eine wirklich entspannte Visualisierung ins Bett oder setzen Sie sich auf einen bequemen Stuhl. Atmen Sie dreimal tief durch und schließen Sie Ihre Augen. Stellen Sie sich den Ort vor, an dem Sie Ihren Vortrag halten werden. Stellen Sie sich die freundlichen Ge-sichter vor, die sich im Publikum befinden werden, und stellen Sie sich vor, was Sie für diesen Anlass vorbereitet haben.

Wenn Sie sich jetzt vorstellen, wie die ganze Sache ablaufen soll, konzentrieren Sie sich auf die Einzelheiten, damit die Situa-tion lebendiger wird. Stellen Sie sich vor, wie warm der Raum ist, was Sie mit Ihren Händen machen, wie laut Ihre Stimme ist. Es sind diese kleinen Details, die die Situation realistischer erschei-nen lassen. Malen Sie sich schöne und positive Vorstellungen aus. Sie liefern eine hervorragende Leistung ab. *Spüren* Sie die Emoti-onen, die Sie nach einer exzellenten Präsentation haben. *Spüren* Sie die Aufregung, wenn Sie merken, dass Sie Ihr Publikum mit Ihrer Rede fesseln. Sie wissen, dass Ihre Botschaft gut ankommt. Stellen Sie sich nun vor, dass die Menschen Ihre Botschaft mögen.

Wenn Sie mit der Visualisierung fertig sind, nehmen Sie noch-mals einige tiefe Atemzüge und öffnen dann wieder Ihre Augen. Entspannen Sie sich und spüren Sie die positiven Emotionen, die durch Ihren Körper strömen. Dieses Gefühl in Ihrer Brust ist selbstbewusster Stolz. Das ist eine gute Sache! Behalten Sie dieses Gefühl bei und rufen Sie es bei Ihrer nächsten Präsentation wieder ab.

Üben Sie als Anfänger die Visualisierungstechnik mindestens dreimal pro Woche, wenn nicht sogar häufiger. Sie erhalten dadurch stets einen Selbstbewusstseinsschub. Wenn wir uns vor-stellen, dass unsere Präsentation positiv abläuft, dann werden dadurch auch jene negativen Momente ferngehalten, die durch un-sere negativen Emotionen entstehen, die noch nicht vollständig in positive umgewandelt wurden. Mit Hilfe dieser Technik können Sie sich ausmalen, was für eine tolle Leistung Sie abliefern werden.

Sich im Moment befinden

Es hat nichts Esoterisches an sich, achtsam zu sein. Ich werde Ihnen definitiv nicht raten, dass Sie sich im Lotussitz auf die Bühne setzen sollen. Hier geht es darum, im Moment zu sein und das Gefühl zu haben, mit den richtigen Leuten, Ihrem Publikum, zur richtigen Zeit am richtigen Ort zu sein. Im Moment zu sein ist der Schlüssel zu einer großartigen Präsentation.

Solange Sie diese Technik nicht geübt haben und beherrschen, fällt es Ihnen sicherlich schwer zu beschreiben, was es bedeutet, *im Moment zu sein*, und warum dies so wichtig ist. Achtsamkeit ist etwas, worüber viele Leute reden, und wir alle haben Schwierigkeiten damit, im Moment zu bleiben. Ich weiß, dass Sie sich sicherlich fragen werden: „Was meinen Sie damit? Ich befinde mich doch gerade im Moment." Nein, eigentlich nicht. Sie denken vielleicht, dass Sie sich im Moment befinden, aber Sie denken es nur. Wenn Sie sich so sehr auf die kleinen Details konzentrieren, dann verpassen Sie das große Ganze. Im Moment zu sein bedeutet, das große Ganze zu sehen, und alle beeinträchtigenden Ablenkungen herauszufiltern.

Ich möchte eine Metapher verwenden: Waren Sie schon einmal so richtig im Fluss? Also nicht in einem Fluss mit Wasser. Sie befinden sich im Fluss, wenn Sie etwas tun, das Ihnen so sehr Spaß macht, dass Sie sich in dieser Aktivität regelrecht verlieren und die Zeit wie im Flug vergeht. Wenn Sie im Fluss sind, dann sind Sie auch im Moment. Normalerweise ist damit auch ein Gefühl der Ruhe mit inbegriffen. Es geht darum, sich einen Moment Zeit zu nehmen, um Ihren Gedanken freien Lauf zu lassen!

Wie sollte die Präsentation sein, als Sie damit begonnen haben, sie zusammenzustellen? Bereits vorüber. Okay, das ist vermutlich nicht die erste Sache, die Ihnen in den Sinn kam, doch ich weiß, dass Sie sich wünschen, dass die Präsentation schnell vorbei ist, während Ihr Herz wie wild pocht. Ich kann mich noch gut an meine Schulzeit erinnern. Ich hatte immer diese Angst, wenn ich wusste, dass ich an die Reihe komme, um etwas vor der Klasse zu präsentieren. Meine Hände zitterten. Meine Wirbelsäule verwandelte sich in Gelee. Ich sah zu, wie mein Vorredner seine Sachen zusammenpackte, und ich fürchtete mich davor, aufzustehen und nach vorne zur Tafel zu gehen. Ich wollte, dass meine Präsentation so schnell wie möglich zu Ende ist. Und dadurch verpasste ich den „Moment", weil ich nie bewusst bei meiner Tätigkeit – dem Präsentieren – war. Ich war zu beschäftigt damit, mit meiner Präsentation ängstlich so schnell wie möglich zum Ende zu kommen.

Möglicherweise haben Sie eine solche Situation auch schon einmal erlebt. Durch Ihre Angst konnten Sie Ihre Präsentation nicht genießen. Sprecher, die ihre Präsentation lediglich schnell abspulen, lassen ihren Vortrag geradezu leblos erscheinen und das, was das Publikum sieht und hört, wird schnell langweilig. Wenn wir so sehr darauf bedacht sind, schnell zu sprechen, weiß das Publikum Bescheid und möchte ebenfalls, dass Ihre Präsentation so schnell wie möglich vorbei ist. Die beste Möglichkeit, um im Moment zu bleiben, besteht darin, kurz innezuhalten und zu bewerten, was Sie sagen. Möglicherweise sprechen Sie über ein Thema, mit dem Sie nicht viel anfangen können. Sie müssen Ihrer Botschaft jedoch einen dynamischen Aspekt hinzufügen, um diese lebendig erscheinen zu lassen. Sobald Sie beginnen, das Thema Ihrer Präsentation für sich selbst interessant zu gestalten, werden Sie feststellen, dass auch andere Menschen Ihnen zuhören möchten.

Gute Redner machen oft eine Pause, bevor sie ihre Botschaft verkünden. Sie finden den Moment, indem sie einige tiefe Atemzüge machen, während sich das Publikum an die neuen Gegebenheiten anpasst. In sich selbst finden solche großartigen Sprecher einen ruhigen, mentalen Raum. Sie durchsuchen das Publikum nach wohlwollenden Zuhörern, atmen durch den Mund ein und durch die Nase aus, entspannen ihre Schultern und ergreifen dann ruhig die Gelegenheit. Üben Sie dies, solange es nötig ist, bis Sie spüren, wie Ihr Herzschlag nachlässt.

Durch Schein zum Sein

Fake it till you make it. Ich bin mir sicher, dass Sie diesen Satz schon einmal gehört haben. Dieser Satz kann Ihr Selbstvertrauen tatsächlich nachhaltig beeinflussen. Wenn Sie eine selbstbewusste Körpersprache an den Tag legen, dann befinden Sie sich in einer mächtigen Position, die das Ergebnis Ihrer Präsentation beeinflussen kann.

Jeder Superheld hat eine Pose, die so perfekt ist, dass sie den Menschen im Gedächtnis bleibt. Diese Superhelden müssen stundenlang vor dem Spiegel gestanden und diese Pose eingeübt haben, oder? Bedenken Sie Folgendes: Amy Cuddy, eine Sozialpsychologin an der Harvard Business School, berichtete in ihrem mittlerweile berühmt gewordenen TED-Talk, wie Machtposen die Körperchemie verändern können. Sie entwickelte eine Studie, in der ihre Probanden verschiedene Positionen einnahmen. In einem Fall nahmen die Probanden Machtpositionen ein, in denen sie ihre Hände in die Hüften stemmten und ihren Kopf gerade hielten. Andere Probanden ließen Kopf und Schultern hängen. Die Studie bewies, dass diejenigen Probanden, die Machtposen ausübten, einen erhöhten Testosteron- und einen niedrigeren Cortisolspiegel hatten. Cortisol ist ein Hormon, das bei intrusivem Stress vorhanden ist. Cuddys Experimente zeigten, dass positive Verhaltensweisen das Selbstvertrauen ihrer Probanden chemisch gesehen erhöhten. Durch das Selbstvertrauen konnten die Probanden eine gewisse Art der Dominanz an den Tag legen, was zu noch mehr Selbstbewusstsein führte. Und das nur, indem die Probanden eine Superhelden-Pose einnahmen.

Die Schlussfolgerung von Cuddys Studie heißt also für uns: Wenn Sie nervös sind, bevor Sie den Sitzungssaal oder eine Bühne betreten, dann nehmen Sie eine Machtpose ein. Stellen Sie sich mit erhobenem Kopf hin, stemmen Sie Ihre Hände in die Hüften und halten Sie Ihre Brust gerade. Sie können auch Ihre Hände in die Höhe heben, als hätten Sie gerade ein Rennen gewonnen. Dies sind Posen, die dazu führen, dass der Testosteronspiegel im Körper steigt, was ein Signal an Ihr Gehirn sendet, dass Sie sich selbstsicher fühlen. Hierbei handelt es sich um ein natürlich vorkommendes Phänomen, das im Körper auftritt und Ihnen dabei hilft, negative Spannungen abzubauen.

Erlauben Sie sich selbst, so zu tun, als wären Sie bereits ein erfolgreicher Redner. Sagen Sie sich Tag für Tag ein Mantra vor, das Ihnen hilft, sich wie ein großartiger Redner zu fühlen. Sagen Sie sich zum Beispiel: „Jeder applaudiert mir, wenn ich auf die Bühne gehe." Dies ist eine einfache Visualisierung und eine gute Möglichkeit, um sich selbst das Gefühl zu geben, dass es sich bereits herumgesprochen hat, dass Sie ein hervorragender Redner sind. Nach einer Weile gewinnen Sie das Selbstvertrauen, um sich von der Masse abzuheben. Sie werden das Gefühl bekommen, dass Sie dem Publikum etwas Wichtiges zu sagen haben, und werden die Blicke der Menschen nicht mehr fürchten. Werden Sie zu dieser Person, auch wenn Sie denken, dass Sie noch nicht über diese Fähigkeiten verfügen. In wenigen Augenblicken werden Sie feststellen, dass Ihr Körper nun mit dieser Haltung übereinstimmt und Sie unbewusst zu der Person werden, die Sie vorgeben zu sein. Mit etwas Übung können Sie diese Person sein und es ist nur eine Frage der Zeit, bis Sie diese Person wirklich sind.

Keine Angst haben, zu lernen

Wir wissen bereits, dass noch kein Meister vom Himmel gefallen ist. Vielleicht waren Sie ein extrovertiertes Kind. Dies bedeutet jedoch nicht, dass Sie dazu bestimmt sind, vor Publikum aufzutreten. Dies bedeutet normalerweise, dass Sie ein Kind waren, das bei Hochzeiten Ihrer Familie gerne etwas vorführte. Niemand wacht im Alter von drei Jahren auf und beschließt plötzlich, vor Publikum Vorträge halten zu wollen. Eher wachen Sie auf und möchten Tierarzt werden. Oder Feuerwehrmann. Das könnte gut sein. Aber möchte man wirklich als Kind eine Person werden, die vor einer Menschenmenge stehen und diese mit ihrer Stimme, ihrem Intellekt und ihrem großen Wortschatz begeistern kann? Nicht wirklich. Das Schöne jedoch, was das Sprechen vor Publikum betrifft, ist: Sie können diese Fähigkeit erlernen. Sie werden zudem immer besser, je mehr Sie üben.

Das Sprechen vor Publikum ist eine sehr alte Kunstform, doch um effektiv zu sein, müssen Sie neue Strategien erlernen, die sich schnell ändern. Sie sollten niemals damit aufhören zu lernen. Da sich unsere Gesellschaft ständig verändert, müssen Sie sicherstellen, dass auch Sie sich ständig anpassen. Selbst wenn Sie denken, dass Sie eine Fähigkeit vollständig erlernt haben, so gibt es dennoch immer wieder etwas Neues, das Sie noch nicht wussten. Wenn es um das Thema Sprechen vor Publikum geht, gibt es eine große Menge an neuen Präsentationstechnologien. Wenn Sie Ihre Fähigkeiten weiter verbessern, werden Sie in der Zukunft erfolgreicher sein. Sie sollten stets neue Dinge lernen – nur so können Sie ein Profi werden.

Profis passen sich an und lassen niemals zu, dass Angst die Oberhand bekommt. Wenn wir mit neuen und herausfordernden Dingen konfrontiert werden, dann passiert es sehr schnell, dass wir diese Dinge verschleppen. Es ist jedes Mal eine Herausforderung, motiviert neue Dinge anzupacken und sich zu sagen: „Ja, ich möchte Fehler machen!" Das Problem besteht zudem darin, dass Ihre Fehler Ihre Schwächen aufdecken werden. Doch nur auf diese Weise werden Sie sich noch mehr anstrengen. Wenn Sie sich bereits so viel Mühe geben, wie Sie können, können neuerliche Anpassungen Sie sicherlich an den Rand Ihrer Komfortzone bringen und deshalb kann es passieren, dass Sie wieder Angst bekommen. Das Monster weiß, dass Sie nervös sind. Sie müssen sich überwinden und Ihre Fähigkeiten trotzdem weiterentwickeln.

Je mehr Sie üben, vor Publikum zu sprechen, desto besser werden Sie. Denken Sie daran: Es besteht kein Grund dazu, nervös zu werden. Es gibt keine echten Tiger. Nehmen Sie sich Zeit, um Ihre Nervosität zu spüren, akzeptieren Sie sie und zähmen Sie sie. Sie werden lernen, das Sprechen vor Publikum zu beherrschen und sogar Spaß dabei zu haben! Das Erlernen neuer Fähigkeiten stärkt unsere geistige Gesundheit und unser Wohlbefinden. Also haben Sie Spaß dabei. Üben Sie, bis Sie heiser sind. Führen Sie Machtposen aus. Stellen Sie sich vor, dass Sie vor Hunderten von Menschen sprechen und eine riesige Menschenmenge inspirieren. Wenn Sie all diese Dinge tun, werden Sie feststellen, dass Sie bereits die Person sind, die Sie werden wollten. Sie müssen lediglich diese Fähigkeiten verbessern. Bruce Lee hat einmal gesagt: „Wissen ist nicht genug. Wir müssen es auch anwenden. Wollen ist nicht genug. Wir müssen es auch tun. "

An sich selbst glauben

Dies ist ein Satz, den wir alle schon einmal gehört haben – *Glauben Sie an sich*. Schon in Ihrer Kindheit haben andere Leute diesen Satz zu Ihnen gesagt. Diesen Satz findet man auf Plakaten, in Filmen und Büchern. Es handelt sich um eine abgedroschene Phrase, die nicht mehr viel Bedeutung zu haben scheint, außer für Profis, die diese Phrase leben. Im Gegensatz zu Sportlern, deren Körper bei übermäßigem Training der Belastung irgendwann einmal nicht mehr standhalten kann, wird das Selbstvertrauen immer mehr gestärkt, je häufiger man es trainiert. Finden Sie eine Person, die ganz bei sich ist und beobachten Sie, wie das Publikum auf dieses Selbstbewusstsein reagiert. Auch Sie können ein solch dynamischer Redner werden.

Vergleiche schwächen unser Selbstbewusstsein

Nehmen wir einmal an, dass Sie auf einem Kongress eine Rede halten müssen. Es besteht das Risiko, dass Sie mit Ihrer Rede auf einen dynamischen Super-Redner folgen. Wenn Sie bemerken, dass das Publikum Ihren Vorredner toll fand, dann kann es passieren, dass Sie sich bereits selbst fertig machen, schon bevor Sie das Podium betreten, und zwar aus Angst, dass Sie nicht so gut sein könnten wie der Redner vor Ihnen. Denken Sie daran, dass es zu spät ist, um Ihre Notizen und Ihre visuellen Hilfsmittel mit denen Ihres Vorredners zu vergleichen. Wen kümmert es, ob die Pointen

Ihres Vorredners Ihr Publikum jedes Mal zum Lachen gebracht haben? Wir zweifeln an uns selbst, wenn wir uns mit anderen Menschen vergleichen. Glauben Sie niemals, dass eine andere Person besser ist als Sie selbst, nur weil Sie denken, dass sie es ist. Eine solche Person ist vielleicht nur etwas erfahrener. Doch Sie sind einzigartig und Ihre Präsentation verdient es, gehört zu werden. Ihre Stimme ist wichtig. Und niemand kann Ihnen diesen Glauben wegnehmen, außer Sie selbst. Vergleichen Sie sich nicht mit anderen, konzentrieren Sie sich auf sich selbst, stellen Sie sich hin und seien Sie davon überzeugt, dass Sie etwas Neues zu sagen haben.

Dankbar sein

Wenn Sie damit beginnen, dankbar für Ihr Leben zu sein, dann werden Sie subtile Veränderungen in Ihrer täglichen Einstellung bemerken. Es wird mit Kleinigkeiten anfangen, doch sie werden mehr und mehr, je häufiger Sie üben. Sie fragen sich wahrscheinlich, was Dankbarkeit mit Ihrer Fähigkeit zu tun hat, an sich selbst zu glauben. Es scheint, dass diese zwei Dinge auf den ersten Blick nichts miteinander zu tun haben, doch das stimmt nicht. Wenn Sie dazu in der Lage sind, dankbar für die kleinen Dinge in Ihrem Leben zu sein, dann werden Sie sich nie wieder in Selbstmitleid suhlen. Auf diese Weise entwickeln Sie nicht nur eine positive Einstellung, sondern Sie werden auch feststellen, dass Sie die negativen Dinge in Ihrem Leben nicht mehr so wichtig nehmen. Dies ist entscheidend, um ein glückliches Leben zu führen.

Sie können morgens, bevor Sie mit dem Tag beginnen, mehrere Dinge aufschreiben, für die Sie dankbar sind. Sie können dies auch direkt vor Ihrem nächsten öffentlichen Vortrag tun. Wenn Sie das Gefühl haben, dass Ihre Nerven blank liegen, dann erstellen Sie doch einfach eine mentale Liste von Dingen, für die Sie dankbar sind. Diese Dinge können der Veranstaltungsort sein, den Sie gebucht haben, Ihr Job oder sogar das Outfit, das Sie tragen. Sie werden feststellen, dass Ihnen dieser Trick nicht nur dabei hilft, sich zu entspannen, Sie werden auch davon überzeugt, dass Sie es verdient haben, an diesem Ort zu sein. Und das alles nur, weil Sie dankbar sind.

Die Berühmtheit, die sich nicht hat unterkriegen lassen – Profil Steve Harvey

Er ist charmant, lustig und Moderator mehrerer TV-Talkshows. Er ist eine berühmte Persönlichkeit, der viele Bücher verfasst und vor zahlreichen Menschenmengen gesprochen hat. Er machte jedoch einen Fehler, durch den er über Nacht auf der ganzen Welt bekannt wurde. Als Steve Harvey im Jahre 2015 die Rolle des Moderators der Miss-Universum-Wahl übernahm, hatte er wohl nicht damit gerechnet, einen katastrophalen Fehler zu machen. Bei der Krönung der Miss Universum gab er versehentlich den Namen der falschen Teilnehmerin bekannt. Harvey machte live seinen Fehler wieder gut, entschuldigte sich und gab den Namen der richtigen Gewinnerin bekannt. Vor einem internationalen Publikum hatte er die Größe, zu seinem Fehler zu stehen.

Die nächsten Wochen waren die schwierigsten Wochen in Steve Harveys Karriere. Boulevardzeitungen auf der ganzen Welt berichteten in großen Lettern über Harveys Missgeschick. In den folgenden Wochen wurde Harvey zum Gespött der Nachrichtensender und Comedians. Sein Missgeschick wurde immer und immer wieder abgespielt, damit die ganze Welt seinen Fauxpas sehen konnte. Sogar seine Familie wurde nicht verschont und erhielt Morddrohungen wegen Harveys unbeabsichtigtem Fehler auf der Bühne. Dies brachte Harvey natürlich in eine Position, in der er sich noch nie zuvor befunden hatte.

Er übernahm die Verantwortung für seinen Fehler und unternahm noch im selben Jahr Schritte, um aus seinem Fehler Kapital zu schlagen. Damit verursachte er einen weiteren Aufruhr. Anstatt die Situation totzuschweigen, moderierte Harvey im darauffolgenden Jahr erneut die Miss-Universum-Wahl und machte Scherze über sich selbst. Er nahm seine Angst, akzeptierte sie, legte sie zwölf Monate beiseite und trat dann zurück auf die Bühne. Mutig erzählte Harvey Witze über sich selbst, während er die Veranstaltung tadellos moderierte. Einer der Witze war ein Sketch mit der früheren Miss Universum, die vor der Verkündung der Gewinnerin eine Lesebrille auf die Bühne brachte. Durch seine gute Laune, durch seine Professionalität und durch seine mentale Stärke konnte Harvey seinen Fehler hinter sich lassen, und das alles, weil er genau dieselbe Bühne betreten hatte, auf der er zum ersten Mal einen großen Fehler gemacht hatte, der ihn fast seine Karriere gekostet hätte.

KAPITEL 4

Entwicklung von Kommunikationsfähigkeiten

Sie können kein guter Redner werden, ohne mit Ihrem Publikum kommunizieren zu können. Wenn Sie wissen, wie Sie sich Ihrem Publikum anpassen, es begeistern und eine Beziehung zu Ihren Zuhörern aufbauen, dann werden Sie der beste Präsentator, der Sie sein können.

Bei der Kommunikation geht es um Beziehungen

Ich möchte, dass Sie an einen engen Freund von Ihnen denken. Was macht Sie zu Freunden? Sind es die Dinge, die Sie gemeinsam unternehmen? Vielleicht mögen Sie ja die gleichen Bands? Lassen Sie mich diese Frage für Sie beantworten, da ich sicher bin, dass Sie bereits dasselbe denken wie ich: Auf keinen Fall! Was uns dazu bringt, dass uns Menschen, Dinge und Situationen wichtig sind, sind *nicht* die Dinge selbst, sondern oftmals die Verbindung, die wir zu diesen Dingen haben. Ja, Sie können ein bestimmtes Lied hören und es gut finden. Oftmals geht es jedoch darum, sich im Moment mit diesem Song verbunden zu fühlen. Etwas an diesem Lied löst etwas in Ihnen aus. Und das ist es auch, was einen großartigen Redner ausmacht. Wenn Sie eine Beziehung zu Ihrem Publikum aufbauen können – und ich meine eine *echte* Beziehung, dann werden Sie ein erfolgreicher Redner sein.

Doch wie können Sie eine Beziehung zu völlig fremden Personen aufbauen? Es ist nicht so, als würden Sie nach dem Vortrag mit Ihrem Publikum etwas trinken gehen und über die TV-Shows sprechen, die Sie sich zufällig ansehen. Das wäre mit Sicherheit eine eindeutige Beziehung, aber nicht aufgrund Ihrer Präsentation. Sie müssen von der Bühne aus mit Ihrem Publikum eine Beziehung aufbauen, was viel schwieriger ist.

Sich an ein Publikum anpassen

Okay, Sie kennen bestimmt einen dieser Tage, an denen Sie sich wegen einer Sache, die Sie gesagt oder getan haben, in ein Loch verkriechen möchten. Dies könnte ein schlechter Witz vor einer Gruppe von Freunden sein, oder weil Sie einem Kunden die falsche Menge an Wechselgeld gegeben haben. Und wissen Sie was? Wir alle haben das schon einmal erlebt! Besonders, was schlechte Präsentationen angeht. Egal, ob es in Ihrer Kindheit geschehen ist oder im Erwachsenenalter: Sie wurden sicherlich schon einmal dazu gezwungen, sich eine Präsentation anzuhören, bei der Sie fast eingeschlafen wären oder bei der Sie am liebsten von Ihrem Stuhl aufgesprungen und nach draußen gerannt wären. Es gibt einige Gründe dafür, warum diese Präsentationen so schlecht waren. Vielleicht waren sie ein wenig zu übertrieben, weil der Präsentator versucht hatte, Ihnen etwas zu verkaufen. Oder vielleicht hatte die Person, die die Präsentation hielt, kein Charisma oder vielleicht dauerte die Präsentation eine halbe Stunde länger als sie hätte sollen. Es spielt keine Rolle. Sie saßen da und wünschten sich, dass Sie woanders wären.

Als Redner möchten wir auf jeden Fall vermeiden, dass sich unsere Präsentation für unser Publikum wie eine Strafe anfühlt. Glücklicherweise sind solche Präsentationen selten. In den meisten Fällen liegt die eigentliche Ursache darin, dass der Redner seine Präsentation nicht an das Publikum angepasst hat. Auch die Präsentationsfähigkeiten können ein Grund für schlechte Vorträge sein. In der Schule passierte es häufig, dass einer Ihrer Klassenkameraden undeutlich sprach, viel zu lange überzog oder sein Thema nicht interessant gestaltete, indem er keine Leidenschaft und kein Expertenwissen einbrachte. Was ist hier das bestimmende Merkmal? Es ist der Mangel an Unterhaltung für ein jüngeres Publikum. Eine Gruppe junger Schüler möchte nicht so lange still sitzen und einem Präsentator zuhören! Natürlich sind solche Präsentationen schrecklich.

Aber Sie sind kein murmelnder und ängstlicher Präsentator. Bedenken Sie stets: *Bei Präsentationen vor Publikum geht es nicht um Sie. Es geht um das Publikum.* Merken Sie sich diesen Satz gut, denn er ist für eine großartige Rede oder Präsentation von entscheidender Bedeutung.

Das Publikum vorher kennenlernen

Nehmen Sie Anpassungen zum Wohle des Publikums vor, da es Ihnen und Ihrer Botschaft Respekt entgegenbringt. Übrigens funktionieren diese professionellen Anpassungen auch im Alltag und in Beziehungen. Finden Sie heraus, wer Ihr Publikum ist. Unabhängig davon, welche Art von Präsentation Sie halten, müssen Sie so viel wie möglich über Ihr Publikum wissen. Das heißt, dass Sie Ihr Publikum kennenlernen sollten. Nur so kann Ihre Rede oder Präsentation den Bedürfnissen Ihres Publikums entsprechen und Ihre Zuhörer fesseln. Niemand erwartet von Ihnen, dass Sie die Social-Media-Profile Ihrer Zuhörer verfolgen. Stellen Sie Recherchen über den Hintergrund des Publikums an, vor dem Sie präsentieren, und finden Sie heraus, welche Gemeinsamkeiten Ihre Zuhörer haben. Wenn es der Veranstaltungsort erlaubt und wenn es möglich ist, dann stellen Sie sich Ihrem Publikum gleich an der Tür vor. Auf diese Weise können ein freundlicher Augenkontakt und einige nette Begrüßungsworte dabei helfen, den allgemeinen Hintergrund und das Alter des Publikums zu beurteilen, wenn Sie sich nicht sicher sind, welche Art von Publikum Sie vor sich haben.

Die Sprache des Publikums sprechen

Die Art und Weise, wie Sie sprechen, sollte auf das Publikum abgestimmt sein, vor dem Sie sprechen. Zum Beispiel unterscheidet sich die Art und Weise, wie Sie mit Ihrem Chef sprechen, stark von der Art und Weise, wie Sie mit Freunden in der Kneipe sprechen. Bei Präsentationen vor Publikum kann der Hintergrund des

Publikums Ihre Sprache, Ihre Tonlage und Ihre Wortwahl bestimmen. Professoren im Ruhestand müssen auf eine andere Art und Weise angesprochen werden als eine Gruppe von Schülern. Wenn Sie den demographischen Hintergrund Ihrer Zuhörer herausfinden können, können Sie sich entsprechend anpassen. Sie können dann Ihre Sprache entsprechend wählen, also das, was Sie sagen, wie Sie es sagen und welche Art von Wörtern Sie verwenden. Auf diese Weise können Sie Ihre Präsentation perfekt optimieren. Wenn Sie sich vor Beginn Ihrer Präsentation nicht sicher sind, welche Art von Publikum Sie vor sich haben, dann verwenden Sie eine allgemeingültige Sprache. Legen Sie jedoch einige wichtige Punkte für Ihre Anpassung fest. Teilweise können Sie dies mit Hilfe einer Publikumsumfrage herausfinden. Lassen Sie das Publikum an Ihrer Präsentation teilnehmen, indem Sie unverfängliche rhetorische Fragen stellen, auf die Ihr Publikum mittels Heben der Hand antworten kann. Wenn Sie das Publikum bitten, nach der Show an einer Umfrage teilzunehmen, können Sie Daten sammeln, mit Hilfe derer Sie zukünftige Präsentationen anpassen können. Ihr übergeordnetes Ziel besteht darin, eine Verbindung zum Publikum herzustellen, ohne dabei aufdringlich zu sein. Der Nebeneffekt ist, dass das Sammeln von Informationen das Publikum dazu bringt, über Ihre Präsentation nachzudenken.

Mehr herausfinden

Normalerweise werden Sie Ihren Vortrag an einem bestimmten Ort halten. Wenn Sie sich in Bezug auf die demographische Zusammensetzung Ihres Publikums nicht sicher sind, können Sie den Veranstalter jederzeit nach der Zielgruppe fragen, die auftauchen wird. Sie können herausfinden, worauf Ihre Zuhörer normalerweise reagieren und die Art von Personen kennenlernen, die den Veranstaltungsort besuchen. Wenn es sich um ein professionelles Meeting mit einer anderen Agentur oder einem Kunden handelt, können Sie sich vorab erkundigen, was Sie erwarten können. Machen Sie sich mit Ihrer Zuhörerschaft vertraut, um besser vorbereitet zu sein. Der Punkt ist der: Haben Sie niemals Angst davor zu fragen. Dies kann Ihnen langfristig gesehen nur helfen.

Ihre Zuhörer kennenlernen

Sie können keine Beziehungen zu Personen herstellen, ohne sie vorher kennengelernt zu haben. Es gibt eine Vielzahl von Möglichkeiten, wie Sie dies erreichen können. Sie können Ihre Zuhörer einfach während oder nach der Präsentation kennenlernen, damit Sie wissen, welche Art von Zielgruppe an Ihrem Thema interessiert ist. Sie können dem Publikum gerne Fragen stellen, eine Umfrage erstellen oder sich vorstellen, dass nach der Präsentation einige Leute auf Sie warten. Dies macht einen großen Unterschied aus und hilft Ihnen dabei, sich besser auf Ihre Zuhörer einzustellen. Sie können auch eine Option auswählen, die am besten zu Ihrer Präsentation passt und mit der Sie sich wohler fühlen. Dadurch fühlt sich die Präsentation auch für Ihr Publikum persönlicher an, da Ihre Zuhörer nun persönlich involviert sind, sodass sie während Ihres Vortrags empfänglicher für Ihre Botschaft sind.

Ihr Publikum will, dass Sie Erfolg haben

Wenn es darum geht, vor Publikum zu sprechen, kann es oft passieren, dass Sie Ihre Zuhörerschaft als Feind ansehen. Deswegen kann es vorkommen, dass Sie sich unwohl fühlen, wenn Sie die Bühne betreten. Ich bin sicher, dass Sie einige der stereotypen Ratschläge bereits kennen, wie zum Beispiel, dass Sie sich Ihre Zuhörer nackt vorstellen sollen. Nein, das sollten wir *nicht* tun. Ja, Präsentationen vor Publikum können angsteinflößend sein. Es fühlt sich so an, als würde man zur Schlachtbank gehen. Wir sind davon überzeugt, dass wir von allen Menschen kritisch beäugt werden, sobald wir die Bühne betreten, und dass unser Publikum unsere Fehler nie wieder vergessen wird. Doch zum Glück ist das nicht immer der Fall.

Sie sind vielleicht überrascht zu erfahren, dass Ihr Publikum nicht Ihr Feind ist. Einige Zuhörer wollen unterhalten werden, während andere da sind, um etwas zu lernen. Ihr Publikum will nicht, dass Sie es vermasseln, im Gegenteil, es will, dass Sie Erfolg haben. Das ist das Gegenteil von dem, was wir normalerweise aus Filmen und Büchern kennen. Normalerweise wird die Hauptfigur vor einer Menschenmenge wie in Stephen Kings *Carrie* gedemütigt. Im wirklichen Leben passiert das nicht.

Ich möchte, dass Sie an eine Situation denken, in der Sie selbst einmal Teil des Publikums waren. Wenn Sie sehen, dass der Redner den Faden verliert, dann verspotten Sie ihn nicht automatisch. Dies ist kein Stand-up-Comedy-Auftritt, bei dem Sie etwas dazwischenrufen, damit der Komiker Sie bemerkt. Nein, eine Präsentation ist etwas ganz anderes. Die typische Reaktion auf einen Redner, der den Faden verliert, besteht nicht darin, ihn zu beschimpfen. Das Gegenteil ist der Fall: Sie haben Mitleid mit ihm. Sie möchten, dass sich der Redner wieder sammelt und einfach dort weitermacht, wo er aufgehört hat. Das ist das Gefühl, das jeder im Publikum verspürt, wenn so etwas passiert.

Um sich an Ihr Publikum anzupassen, müssen Sie stets daran denken, dass Ihre Zuhörer wollen, dass Sie erfolgreich sind. Sie sind da, um unterhalten zu werden. Sie denken nicht daran, wie Sie vor Ihrem Publikum scheitern werden und wie großartig das sein wird. Ich würde sogar sagen, dass Ihre Zuhörer Sie unterstützen. Gehen Sie nicht davon aus, dass Sie von Ihren Zuhörern fertiggemacht werden. Das genaue Gegenteil ist der Fall. Das Publikum ist auf Ihrer Seite.

Verbale Kommunikation

Was beinhaltet die verbale Kommunikation? Nun, sie besteht im Wesentlichen aus Ihren Worten und Ihrer Stimme. Wenn Sie sowohl Ihre Wort als auch Ihre Stimme flüssig verwenden, werden Sie feststellen, dass Sie wie ein Dirigent sind, der ein Orchester leitet. Ihre Wortwahl und Ihr Tonfall machen die halbe Miete aus, wenn Sie Ihr Publikum für sich gewinnen wollen. Wenn Ihre Stimme fünfzig Prozent Ihrer Kommunikation einnimmt, könnte dies durchaus ausreichen, um Ihre Zuhörer zu fesseln, selbst wenn Ihre restlichen fünfzig Prozent (Ihre Körpersprache) nicht den Anforderungen entsprechen.

Wenn ich Stimme und Wortwahl erwähne, meine ich damit nicht den Inhalt Ihrer Präsentation oder Ihrer Rede. Das ist ein ganz anderes Thema. Wenn ich über die physische Hälfte der verbalen Kommunikation spreche, dann meine ich damit Ihre Stimmlage, Ihre Sprechgeschwindigkeit und die Lautstärke Ihrer Stimme. Jeder dieser Aspekte ist entscheidend für Präsentationen vor Publikum, egal ob ein Mikrofon verfügbar ist oder nicht. Wenn Ihre Stimme beispielsweise zu leise ist, dann besteht eine hohe Wahrscheinlichkeit, dass einige Leute Sie nicht hören. Außerdem kann eine schlechte Artikulation und eine undeutliche Aussprache Ihr Publikum verwirren, sodass es sich fragt, warum es sich überhaupt die Mühe gemacht hat, Ihnen zuzuhören. Aus diesem Grund sind Ihre verbalen Fähigkeiten wichtig. Eine unverwechselbare Stimme kann auch die Aufmerksamkeit des gesamten Publikums auf sich ziehen.

Pausen

Pause. Und weiter. Pause. Und weiter. Allein das Lesen dieser Wörter lässt Ihren Geist automatisch innehalten. Wenn Sie mit einem Publikum sprechen, passiert dasselbe. Sie können beim Sprechen Pausen einlegen, um Ihr Publikum zu fesseln. Es gibt verschiedene Pausenvariationen, mit denen Sie die besten Ergebnisse erzielen können. Die meisten Pausen können sowohl bei Präsentationen, bei Reden als auch während eines Meetings verwendet werden. Verwenden Sie Pausen jedoch nicht zu häufig und wenn, dann sollten diese Pausen kurz sein. Eine absichtliche Wirkungspause, die zu lange gehalten wird, wird zu einer unangenehmen Pause und das ist das Letzte, was Sie wollen. Achten Sie darauf, dass Ihre Pausen kürzer als vier bis fünf Sekunden sind. Wenn Ihre Pausen länger sind, dann kann es passieren, dass Ihr Publikum abgelenkt wird. Achten Sie darauf, dass Sie Ihre Motivation kennen, wenn Sie Pausen machen:

- *Reflexionspause* – Sie verwenden eine solche Pause, um Ihr Publikum dazu zu bringen, über das nachzudenken, was Sie gerade gesagt haben. Um dies zu erreichen, bitten

Sie Ihr Publikum, über das jeweilige Thema nachzudenken. Sie können etwa sagen: „Jetzt nehmen wir uns eine Minute Zeit, um darüber nachzudenken, wie sich dies auf Sie auswirkt."

- *Dramatische Pause* – Diese Pause wird verwendet, wenn Sie dem, was Sie gesagt haben, einen Effekt verleihen möchten. Normalerweise wird diese Pause verwendet, um das Publikum dazu zu bringen, den Atem anzuhalten und die Spannung kurz vor einer Pointe oder einer dramatischen Erklärung zu verschärfen.
- *Thematische Pause* – Diese Pause bietet Übergänge zwischen verschiedenen Themen. Eine solche Pause sollte nicht zu lange dauern, wenn Sie lediglich möchten, dass Ihr Publikum versteht, dass Sie nun von einem Thema zum nächsten wechseln.
- *Visuelle Pause* – Sind Sie kurz davor, ein neues visuelles Hilfsmittel zu verwenden, nachdem Sie über ein anderes Thema gesprochen haben? Unabhängig davon, ob es sich um ein Diagramm des letzten Umsatzes oder um eine Grafik handelt, die mit Ihrer Kernbotschaft zusammenhängt, können Sie zwischen den verschiedenen visuellen Hilfsmitteln jederzeit eine Pause einlegen. Auf diese Weise kann Ihr Publikum die Informationen aufnehmen, bevor Sie darüber sprechen.

Waren Sie schon einmal in einem Theaterstück und in dem Moment, als der gruselige Bösewicht herauskommt, schweigen alle und warten darauf, was passiert? Genau so etwas geschieht auch, wenn Sie Pausen effektiv nutzen. Stellen Sie sicher, dass Sie Pausen einbauen, um eine Spannung aufzubauen.

Verlangsamung der Sprechgeschwindigkeit

Ihr Thema ist Ihnen wichtig, egal ob es sich um ein berufliches Thema oder um ein rein informatives Thema handelt. Sprechen Sie über Ihr Thema und führen Sie Ihr Publikum, ohne dass es dies bemerkt, indem Sie Ihre Sprechgeschwindigkeit verlangsamen und Ihre Worte besonders artikulieren. Wenn Sie Ihre Sprechge-schwindigkeit verlangsamen, dann zeigt dies, dass Sie Ihre Nerven im Griff haben und dass Sie Autorität in diesem Bereich haben. Die Veränderung der Sprechgeschwindigkeit ist für die Zuhörer ange-nehm und gibt ihnen Zeit, über das jeweilige Thema nachzuden-ken.

Sprechen Sie niemals so schnell, dass sich Ihre Stimmlage vor Anstrengung verändert. Das Publikum interpretiert schnellge-sprochene Wörter mit etwas Unwichtigem oder Trivialem, das leicht übergangen werden kann. Sie zeigen Ihrem Publikum, wel-che Informationen am wichtigsten sind, welche Aussagen am glaubwürdigsten sind und welche Teile der Präsentation am wert-vollsten sind – und das geht am besten durch die Verlangsamung Ihrer Sprechgeschwindigkeit.

Betonung

Sie können eine ganz andere Satzbedeutung erhalten, indem Sie bestimmte Wörter hervorheben. Diese Variante hilft Ihnen da-bei, mehr Abwechslung in Ihrem Vortrag zu schaffen, und kann zudem Ihre Kernbotschaft stärker verdeutlichen. Schauen Sie sich die folgenden Beispiele an:

- Die *Zukunft* liegt in unseren Händen.
- Die Zukunft liegt in *unseren* Händen.

Betonen Sie also die Schlüsselaspekte Ihrer Präsentation. Vor allem in Ihrer abschließenden Bewertung ist die richtige Betonung äußerst wichtig. In diesem Teil Ihres Vortrags möchten Sie Ihr Thema zusammenfassen, Ihre Zuhörer motivieren oder Ihr Publi-kum zum Nachdenken anregen. Sie können zwei extrem unter-schiedliche Ergebnisse erzielen, indem Sie die Betonung eines bestimmten Wortes ändern. Üben Sie also unbedingt, auf welche Wörter Sie sich konzentrieren möchten.

Tonfall

Mit Ihrem Tonfall vermitteln Sie Emotionen und Sie möchten, dass diese Emotionen eindeutig verstanden werden. Wie ein Schauspieler müssen Sie verschiedene Tonlagen, Stimmfarben und Stimmlautstärken üben, damit diese zu Ihrer Botschaft passen. Wenn Sie beispielsweise Traurigkeit vermitteln möchten, können Sie Ihre Tonlage senken, Ihre Stimme erschaudern lassen oder sogar flüstern. Wenn Sie möchten, dass sich Ihr Publikum über eine Sache aufregt, dann können Sie lauter werden und Ihre Stimme auf das hintere Ende des Veranstaltungssaals projizieren. Bedenken Sie, dass Ihre Tonlage angenehm sein sollte, insbesondere wenn Sie über ein informatives Thema sprechen. Mit modernen Technologien können Sie beim Üben Ihre Stimme aufzeichnen, damit Sie hören, wie das Publikum Ihre Sprache wahrnimmt. Sie können dies tun, wenn Sie sich nicht sicher sind, ob Sie die richtige Tonlage treffen.

Non-verbale Kommunikation

Unser Unterbewusstsein nimmt automatisch die Körpersprache anderer Menschen auf. Es gibt sogar Menschen, die dazu in der Lage sind, die Körpersprache anderer Menschen zu lesen und damit ihren Lebensunterhalt zu verdienen. Das liegt daran, dass jeder Mensch seine eigene Körpersprache hat, die signalisiert, wie wir uns fühlen und was wir tun. Dies ist unglaublich wichtig, besonders wenn Sie von anderen Leuten beobachtet werden. Deshalb sollten Sie immer daran denken, dass Ihr Körper neben Ihren Worten und der Art und Weise, wie Sie sie sprechen, eine Geschichte erzählt.

Es geht darum, die Kontrolle über Ihren Körper zu haben. Selbst wenn Sie innerlich ausrasten, können Sie es so aussehen lassen, als ob Ihre Körpersprache etwas völlig anderes aussagt! Es gibt kleine Bereiche, auf die Sie sich konzentrieren können, um die Auswirkungen Ihrer Körpersprache auf Ihr Publikum zu maximieren.

Hände

Kommen wir zum offensichtlichen Teil – Ihren Händen. Sie sollten mit Ihren Händen sprechen. Studien haben ergeben, dass die beliebtesten Sprecher in Ted-Talks etwa 465 Handgesten verwendeten, fast doppelt so viele wie diejenigen Sprecher, die nicht so gut ankamen. Integrieren Sie also Ihre Hände in Ihren Vortrag!

Gesten mit den Händen ermöglichen es Ihnen nicht nur, Ihre Botschaft besser zu vermitteln, sondern können auch eine großartige Möglichkeit sein, um die Aufmerksamkeit Ihres Publikums auf bestimmte Details zu lenken, die es möglicherweise noch nicht bemerkt hat. Zum Beispiel hält die Person, die eine Hochzeitsrede hält, normalerweise ihr Glas in der Hand. Durch diese Geste freuen sich die anwesenden Gäste bereits darauf, wann sie an der Reihe sind, ihre Gläser anzuheben und auf das Brautpaar anzustoßen. Dies ist ein gutes Beispiel dafür, wie das Publikum in einem gesellschaftlichen Rahmen Körpersprache und Gesten versteht.

Verwenden Sie bei der Probe Ihrer Präsentation ebenfalls bewusst genügend Handbewegungen, um die Aufmerksamkeit des Publikums auf Sie zu lenken, wenn Sie etwas Wichtiges sagen möchten. Verwenden Sie Ihre Handgesten, um Ihre Worte zu betonen und Sie werden feststellen, dass sich das Präsentieren vor Publikum für Sie noch natürlicher anfühlt.

Augen

Augenkontakt zu halten ist wahrscheinlich der wichtigste Ratschlag für all diejenigen, die daran interessiert sind, das Sprechen vor Publikum zu beherrschen. Augenkontakt zu halten kann der schwierigste Teil für Redner sein, die ein wenig schüchtern sind. Vertrauen entsteht durch direkten Augenkontakt. Aus diesem Grund sollten Redner, die noch nicht sehr erfahren sind, freundliche Menschen im Publikum finden und mit diesen Menschen Augenkontakt aufnehmen. Wenn Sie mit diesen Menschen Augenkontakt aufgenommen haben, wird sich dieser auch auf die anderen Zuhörer ausweiten und dazu führen, dass das Publikum

Ihnen aufmerksam zuhört. Außerdem kann Augenkontakt bei Personen, die Ihnen nicht mehr zuhören, dazu führen, dass Sie wieder deren Aufmerksamkeit bekommen. Wenn Sie die ganze Zeit auf den Boden starren, werden Sie feststellen, dass sich Ihr Publikum schnell langweilt.

Augen kommunizieren die Absichten von uns Menschen, da unsere Augen oftmals der ausdrucksstärkste Teil unseres Gesichts sind. Wenn wir Augenkontakt herstellen, gehen wir automatisch davon aus, dass die Person, mit der wir sprechen, über Selbstvertrauen verfügt, das unserem eigenen entspricht. Dies gilt unabhängig davon, ob Sie als Redner oder Zuhörer teilnehmen. Sie sollten stets darauf achten, Augenkontakt zu halten, auch wenn Sie vor einem großen Publikum sprechen. Scannen Sie Ihr Publikum und nehmen Sie auf, wie es sich verhält. Wenn Sie erkennen, wie sich Ihr Publikum verhält, kann dies eine großartige Möglichkeit sein, um die Aufmerksamkeit Ihrer Zuhörer zu behalten.

Neben vielen anderen nonverbalen Kommunikationsweisen stellen erfahrene Sprecher unbewusst Augenkontakt her. Denn wir steuern unsere Blicke selten bewusst. Wenn Sie beispielsweise wütend auf jemanden sind, kann es passieren, dass Sie Ihren Blick wütend auf diese Person richten. Wenn Sie jemanden sehen, der stark verärgert ist, dann müssen Sie nicht einmal die Körpersprache dieser Person sehen. Es reicht bereits aus, ihren Blick zu sehen. Aus diesem Grund sollten Sie den Augenkontakt zu Ihrem Publikum aufrechterhalten, wenn Sie eine Präsentation halten. Ihre Augen sollten nicht zusammengekniffen sein, damit das Publikum nicht das Gefühl bekommt, dass Sie feindselig gegenüber Ihren Zuhörern eingestellt sind. Wer braucht schon einen Raum voller verärgerter Zuhörer?

Körperhaltung

Schauen Sie in den Spiegel und stehen Sie wie gewohnt da. Dies ist Ihre normale Körperhaltung und obwohl diese für Sie angenehm erscheinen mag, ist dies normalerweise nicht die Körperhaltung, die Sie beim Sprechen vor Publikum einnehmen müssen.

Wenn Sie vor einer Menschenmenge stehen, dann ist es am besten, Ihre *öffentliche Präsentationskörperhaltung* einzunehmen.

Idealerweise steht ein guter Redner mit aufrechtem Oberkörper da, sodass der Rücken gerade ist. Sie sollten Ihrem Publikum leicht seitlich zugewandt stehen. Eine offene, akzeptierende Körperhaltung lässt darauf schließen, dass Sie nicht angespannt sind! Sie sollten Ihren ganzen Körper nutzen, um mit Ihrem Publikum zu kommunizieren. Üben Sie also Ihre Körperhaltung, bevor Sie die Bühne betreten. Eine solche Körperhaltung strahlt oft Autorität und Selbstvertrauen aus, was perfekt für Präsentationen vor Publikum ist.

Energie

Energiegeladen und präsent auf der Bühne zu stehen bedeutet nicht, dass Sie auf der Bühne Rückwärtssaltos ausführen oder Ihr Publikum wie ein Popstar unterhalten müssen. Nein, es bedeutet einfach, dass Sie eine helle Stimmlage an den Tag legen und sich auf der Bühne bewegen sollten. Wenn Sie sich während Ihrer Präsentation ein wenig auf der Bühne bewegen, werden Sie die Aufmerksamkeit aller Menschen auf sich ziehen, die möglicherweise nicht aufgepasst haben.

Wenn Sie energiegeladen wirken, werden die Leute Sie natürlicherweise als warmherzig und zugänglich wahrnehmen, was dazu führt, dass Ihr Publikum eine bessere Beziehung zu Ihnen und Ihrer Botschaft aufbaut. Eine tolle Energie auszustrahlen ist so, wie wenn Sie Ihr Publikum ansehen und schreien: „HÖREN SIE MIR ZU!", ohne dies jedoch wirklich zu tun.

Es gibt einige bewährte Möglichkeiten, wie Sie sich vor einer Präsentation mit Energie volltanken können.

Einige Leute, so wie beispielsweise der Redner Tony Robbins, machen Sport, bevor sie auf die Bühne gehen. Ich empfehle Ihnen nicht, einen Marathon zu laufen, doch Sie könnten vor Ihrer Präsentation ein paar Hampelmänner machen, um Ihren Herzschlag zu beschleunigen. Robbins springt gerne auf einem Trampolin herum, während er schnell ein- und ausatmet, damit sein Blut in Wallung kommt. Selbst ein paar Liegestütze geben Ihnen einen kleinen Adrenalinkick und lenken Ihre Gedanken ein wenig ab, bevor Sie mit Ihrem Vortrag beginnen.

Wenn Sie Probleme damit haben, während Ihrer Präsentation Ihre Energie auf einem hohen Niveau zu halten, binden Sie das Publikum erneut ein, indem Sie eine Geschichte erzählen, die Ihnen wichtig ist. Jede Anekdote, die in Ihnen Emotionen hervorruft, hilft Ihnen dabei, die Spannung im Raum zu erhöhen und Ihrer Stimme ein wenig Tiefe zu verleihen. Sie können von Zeit zu Zeit vor Ihrem Publikum hin und her gehen, damit sich Ihr Publikum wieder auf Sie fokussiert.

Denken Sie daran, dass Sie sich Ihrer Energie bewusst sein sollten, wenn Sie präsentieren. Jeder Zuhörer im Raum kann Ihre Energie aufnehmen und dies führt dazu, dass das Interesse Ihrer Zuhörerschaft gesteigert wird.

Kommunikation, wozu ist sie gut?

Die einfache Antwort: Die Kommunikation ist für *Ihr Publikum* gedacht. Ihre Zuhörer haben Ihnen Ihre Zeit geschenkt und warten darauf, was Sie ihnen präsentieren werden. Wenn Sie ein toller Redner werden wollen, dann müssen Sie zunächst einmal wissen, dass Kommunikation ein wichtiges Gut ist. Kommunikation besteht nicht nur aus Ihrer Körpersprache und Ihrer Stimmlage, sondern ist noch so viel mehr. Wenn sich die Menschen Ihren Namen aufgrund der Präsentationen, die Sie halten, merken und wenn Ihnen nachgesagt wird, dass Sie klar kommunizieren können, dann kann dies Ihre Karriere äußerst stark fördern.

Die Kommunikation wird dazu verwendet, um die Meinung der Menschen zu ändern, sie zu beeinflussen, sie zu motivieren und Beziehungen zu ihnen aufzubauen. Die Kommunikation kann Sprachbarrieren und kulturelle Unterschiede ganz leicht überwinden. Die Entwicklung Ihrer Kommunikationsfähigkeiten ist für ein erfülltes Leben von entscheidender Bedeutung und sollte niemals vernachlässigt werden, auch wenn Sie sich lediglich darauf konzentrieren, ein guter Redner zu werden. Doch der Kommunikationsprozess ist weit mehr als das. Schließlich nutzen so viele Menschen die Kommunikation, um ihre Beziehungen zu verbessern und um Informationen weiterzugeben.

Sie sollten immer daran denken, dass Kommunikation ein wechselseitiger Prozess ist. Deshalb ist Ihre Fähigkeit zur effektiven Kommunikation so wichtig. Ich habe das Thema Zuhören bereits in diesem Kapitel kurz erwähnt. Kommunikation ist keine Einbahnstraße. Sie müssen in der Lage sein, Ihrem Publikum zuzuhören, auch wenn es keine Worte verwendet. Auf diese Weise wird Ihre Präsentation zu einer gemeinsamen Erfahrung zwischen Ihnen und Ihren Zuhörern. Wenn Sie sich dem Ende Ihrer Präsentation nähern und Sie das Feedback Ihres Publikums einholen wollen, dann können Sie Ihren Vortrag beenden, indem Sie auf die Fragen und Anregungen Ihrer Zuhörer eingehen. Ein solcher Abschluss kann Ihrem Vortrag eine ganz spezielle Note verleihen. Es handelt sich hierbei um einen Prozess zwischen Ihnen und Ihren Zuhörern, der sich ständig weiterentwickelt, und so sollte er auch behandelt werden.

Die Sängerin, die mit ein wenig Hilfe ihre Angst überwand – Profil Adele

Sie werden wahrscheinlich überrascht sein zu erfahren, dass diese unglaubliche Sängerin unter Lampenfieber leidet. Adele ist eine weltberühmte Sängerin, die bereits vor sehr vielen Zuschauern gesungen hat, auch bei Preisverleihungen. Sie gehört mit Sicherheit auch zu den weltweit beliebtesten Sängerinnen, weswegen man denken könnte, dass sie daran gewöhnt ist, dass das Publikum ihr zujubelt. Adele geht jedoch sehr offen mit ihrem Lampenfieber und ihrer Angst um.

Es gab einen Vorfall, bei dem die Sängerin lieber die Flucht über eine Feuerleiter ergriff, anstatt sich einer Menschenmenge zu stellen. Ein anderes Mal gab sie zu, sich auf eine Person übergeben zu haben, bevor sie auf die Bühne ging. Trotz ihres Lampenfiebers vor Shows tritt Adele auf. Doch was hat ihr geholfen?

Lassen Sie sich überraschen. Die Sängerin verriet, dass eine andere Sängerin ihr einen Tipp gegen das Lampenfieber gegeben hat. Es war jemand, den sie vergötterte, bevor sie selbst berühmt wurde. Als Adele Beyoncé zum ersten Mal treffen sollte, hatte die schüchterne Sängerin beinahe eine Panikattacke. Als Adele jedoch Beyoncé gegenüberstand, sagte der Megastar zu ihr: „Du bist unglaublich! Wenn ich dich singen höre, dann habe ich das Gefühl, Gott zuzuhören. "

Manchmal sind es die freundlichen Worte der Personen, die wir schätzen, die uns das Selbstvertrauen geben können, vor anderen Menschen aufzutreten und unser Bestes zu geben. Wenn Sie unter Lampenfieber leiden, sollten Sie mit jemandem sprechen, dem Sie vertrauen und versuchen, sich aufmunternde Worte von dieser Person einzuholen. Vielleicht helfen Ihnen ja genau diese freundlichen Worte, wenn Sie sich wieder ängstlich fühlen.

Großartige Reden vorbereiten

Es spielt keine Rolle, ob Sie der größte Redner der Welt sind. Wenn Sie kein Thema haben, das gut recherchiert und geschrieben ist, waren Ihre Fortschritte umsonst. Eine mittelmäßige Rede, egal wie gut sie vorgetragen wird, wird das Publikum nicht begeistern. Eine solche Rede wird nicht im Gedächtnis bleiben. Ich würde sogar so weit gehen und sagen, dass sich die Zuhörer nach einer solchen Rede leer fühlen.

Sie müssen die Bühne betreten und sich sicher sein, dass Sie alles getan haben, um sich optimal darauf vorzubereiten. Sie sollten die Bühne betreten und wissen, dass Sie Ihr Publikum fesseln werden. Und ich weiß, dass Sie das können! Es gibt mehrere Techniken, mit denen Sie sicherstellen können, dass die Personen, zu denen Sie sprechen, an Ihren Lippen hängen und sich für das interessieren, was Sie sagen.

Die verschiedenen Säulen einer Rede

Der Aufbau einer Rede ist ein schwieriger Prozess und Sie sollten dies von Anfang an richtig machen. Deshalb beginne ich mit den Dingen, die Sie zuerst beachten sollten. Sie sollten diese Säulen einer Rede unbedingt berücksichtigen, da sie sich auf Ihr Publikum beziehen und Ihnen dabei helfen werden, jene Art von Rede herauszufinden, die Sie halten sollten, um Ihre Kernbotschaft klarer zu vermitteln. Ich bin mir sicher, dass Sie, sobald Sie eines oder alle dieser Prinzipien anwenden, bald einen Unterschied in der Art und Weise feststellen werden, wie Ihr Publikum Ihnen zuhört.

Überzeugungskraft

Normalerweise halten wir Überzeugungskraft für etwas Schlechtes. Ich würde sogar sagen, dass dieses Wort fast ein wenig manipulativ klingt. Die Überzeugungskraft hat einen schlechten Ruf, sollte jedoch nicht als schlecht angesehen werden. Wenn Sie versuchen, Ihr Gegenüber zu überzeugen, dann handelt es sich hierbei schließlich um den Versuch, eine Person so zu beeinflussen, dass sie sich für etwas entscheidet. Sie verwenden Ihre Überzeugungskraft, um die Meinung von Menschen zu ändern, und bei Präsentationen greifen Sie normalerweise auf Fakten zurück.

Sie können das Internet nach einer solchen Rede durchsuchen, doch es gibt nicht viele Reden, die nur wenig Überzeugungsarbeit enthalten. Wir verwenden unsere Überzeugungskraft öfter als wir denken. Zum Beispiel greifen wir darauf zurück, um unseren Chef zu einer Gehaltserhöhung zu überreden oder unseren Partner dazu zu bringen, mit unserer Mutter auszukommen. Das Tolle an der Überzeugungskraft ist, dass sie nicht statisch ist und nicht nur eine Form annehmen kann. Die Überzeugungskraft kann angewandt werden, um Ihre Argumente zu verbessern, ist jedoch nicht so stark wie eine Manipulation, bei der häufig Planung und Taktik verwendet werden, um eine Person regelrecht dazu zu zwingen, ihre Meinung zu ändern.

Wenn Sie Ihr Gegenüber überzeugen wollen, müssen Sie ihm einen Grund geben, um seine Ansichten zu ändern. Sie können verschiedene Techniken anwenden – emotionale Reaktionen, Logik oder sogar das Ansprechen eines persönlichen Grundes aus Ihrer Vergangenheit. Sie sollten beide Seiten des Arguments kennen, damit Sie sie am besten gegenüberstellen können. Auf diese Weise können Sie Ihrem Gegenüber Ihre Argumente vorlegen, sodass er Ihre Ansicht auf Basis der von Ihnen angegebenen Gründe nachvollziehen kann. Auf diese Weise lernen Sie beide Ansichtsweisen kennen und wenn jemand nicht mit Ihnen übereinstimmt, haben Sie Gegenargumente, wenn Sie am Ende Ihrer Präsentation die Fragen Ihres Publikums beantworten.

Unterhaltungswert

Ich bin mir sicher, dass Sie wollen, dass Ihre Rede vor allen Dingen unterhaltsam ist, und ich bin mir auch sicher, dass dem so sein wird! Wir sind immer wieder einmal in Situationen, wo eine unterhaltsame Rede erforderlich ist, und Sie sollten wissen, wie Sie Ihre Rede weniger langweilig gestalten können. Wenn Sie feststellen, dass das Thema Ihres Vortrags ermüdend und trocken ist, dann sollten Sie es ein wenig aufpeppen.

Eine unterhaltsame Rede wird oft verwendet, um ein Publikum zu begeistern, seine Aufmerksamkeit zu wecken und gleichzeitig eine Kernbotschaft zu übermitteln. Wenn Sie den unterhaltsamen Aspekt Ihres Vortrags fokussieren, dann ist die Art und Weise, wie Sie sprechen, eine andere, als wenn Sie eine informative oder überzeugende Rede halten. Denken Sie zum Beispiel an die letzte unterhaltsame Rede, die Sie gehört haben. Normalerweise greifen wir bei Hochzeiten oder bei Preisverleihungen auf lustige Anekdoten zurück. Doch Humor ist auch nicht alles. Es geht darum, Ihre Stimme so zu verwenden, dass das Publikum begeistert ist.

Viele Leute denken, dass unterhaltsame Reden einfach so gehalten werden können. Sie streuen ein wenig Humor hinein, dazu ein paar lustige Handgesten und Geschichten, und schon lacht jeder im Publikum. Doch so funktioniert es nicht. Wenn Sie das tun, dann kann Ihre Rede ins Stocken geraten und im Publikum wird es unangenehm still. Sie sollten genauso viel Vorbereitung in eine unterhaltsame Rede stecken wie in jede andere auch.

Sie sollten Ihre Körpersprache offener gestalten und eine umgangssprachlichere Sprache verwenden. Achten Sie darauf, dass Ihre Rede nicht zu schwermütig wird, indem Sie Ihre Tonlage anpassen (wir werden später noch auf dieses Thema eingehen). Sie können während einer ernsten Rede auch kleine, unterhaltsame Teile einstreuen, um das Ganze ein wenig aufzupeppen, aber Sie müssen nicht krampfhaft den großen Unterhalter spielen – niemand erwartet von Ihnen, dass Sie Ihre Gitarre hervorkramen und

Wonderwall singen. Sie müssen lediglich bedenken, dass unterhaltsame Reden Menschen berühren können, und das ist etwas, was jeder gut findet.

Informationen

Informative Reden sind normalerweise für Themen gedacht, die ein wenig kritischer sind, bzw. für Vorträge, die sich auf bestimmte Thematiken konzentrieren. Bei dieser Art von Reden dreht sich alles um die Fakten und solche Vorträge müssen dem Publikum diese Fakten vermitteln, damit sie leicht verstanden werden können. Im Wesentlichen informieren Sie Ihr Publikum.

Jedoch gibt es ein Problem mit informativen Reden – sie sind trocken. Sie haben eine beträchtliche Menge an Informationen, die in kurzer Zeit übermittelt werden müssen. Deswegen bleibt, abgesehen von den Fakten, nicht wirklich viel Platz für andere Dinge. Es kann schnell passieren, dass Ihr Publikum trotz Ihrer Leidenschaft für das Thema einschläft. Wenn Sie feststellen, dass es sich um wirklich langweilige Informationen handelt, dann müssen Sie Ihren Vortrag ein wenig unterhaltsamer gestalten, um Ihr Publikum wieder wachzurütteln. Ich empfehle, lustige Geschichten in Ihren Vortrag zu integrieren oder die Informationen sogar zu personalisieren, damit sich das Publikum leichter mit dem Thema identifizieren kann.

Eine informative Rede zu halten kann kompliziert sein, da Sie gut organisiert sein müssen, um alle Fakten zu erfassen. Verwenden Sie Ihre Zitate mit Bedacht und greifen Sie während Ihrer Rede auf visuelle Hilfsmittel und Hinweise zurück. Ihre Präsentation sollte alle Informationen enthalten und visuelle Mittel können der Schlüssel sein, um viele Informationen in kurzer Zeit zusammenzufassen, ohne das Publikum zu überfordern. Sie können stets eine kurze Anekdote aus Ihrem eigenen Leben hinzufügen und Sie sollten unbedingt im vorgegebenen Zeitrahmen bleiben, was selbstverständlich gelingen wird, wenn Sie alles gut organisiert und vorher geübt haben.

Es ist immer wichtig, auch langweilige Themen interessant zu gestalten. Was Sie zu sagen haben, ist wichtig! Auch bei informativen Reden sollten Sie also stets ein wenig Unterhaltung oder Überzeugungskraft einfügen. Dies ist eine der Säulen, die ein wenig Hilfe der anderen Säulen benötigt, da sie ebenso wichtig ist, aber schnell langweilig werden kann.

Gut definierte Botschaften

Ihre Rede ist Ihre Botschaft – stellen Sie also sicher, dass diese gut definiert ist. Die Art und Weise, wie Sie Ihre Rede gestalten, ist ein wesentlicher Bestandteil dessen, wie diese von Ihrem Publikum aufgenommen wird. Betrachten Sie sich selbst als Initiator eines Gesprächs. Sie möchten, dass sich Ihre Teilnehmer darauf einlassen. Sie sollten es Ihren Zuhörern leicht machen, Sie zu verstehen und gleichzeitig eine Verbindung mit Ihnen aufzubauen. Dadurch werden Sie nicht nur die Aufmerksamkeit des Publikums auf sich ziehen, sondern Sie werden Ihre Zuhörer auch faszinieren.

Wie definieren Sie Ihre Botschaft also? Dies hängt ganz davon ab, was Sie vermitteln möchten. Es handelt sich jedoch um etwas Grundsätzliches, was Sie bei jeder Präsentation vor Publikum beachten sollten. Es gibt einige Fragen, die bei der Definition Ihrer Botschaft hilfreich sein können:

- An wen richtet sich Ihre Botschaft?
- Was soll Ihr Publikum lernen?
- Wie können Sie das, was Sie sagen, zu einem integralen Bestandteil Ihrer Präsentation machen und gleichzeitig Ihren Grundsätzen treu bleiben?
- Wie viele Leute werden dort sein?
- Was ist das Zeitlimit?

Berücksichtigen Sie all diese Dinge, während Sie Ihre Botschaft bestimmen. Sie müssen Ihre Botschaft so klar wie möglich formulieren und diese Fragen helfen Ihnen dabei, Ihre Kernpunkte herauszufinden. Sie sollten darauf achten, dass alle Ihre

Punkte Teilmengen Ihrer zu definierenden Botschaft sind. Deshalb ist es so wichtig, überhaupt eine Definition zu entwickeln.

Sie können Ihre Präsentation mit Ihrer Botschaft eröffnen oder sie erst nach einer gewissen Zeit übermitteln, um Ihren Zuhörern zu verdeutlichen, was sie zu erwarten haben. Welche dieser Strategien Sie wählen, hängt natürlich davon ab, was Ihre Botschaft ist. Sie sollten genau wissen, wann Sie Ihre Botschaft platzieren. Wählen Sie auf keinen Fall eine Stelle, an der Sie sich unsicher fühlen! Wenn Sie sich dafür entscheiden, Ihre Botschaft gleich zu Beginn Ihres Vortrags zu übermitteln, verlieren Sie im weiteren Verlauf möglicherweise das Interesse Ihres Publikums. Achten Sie also auf die Platzierung Ihrer Botschaft.

Der ultimative Anfang

Die ersten Momente sind die wichtigsten! Studien haben ergeben, dass ein erster Eindruck nur sieben Sekunden dauert. Daher ist die Zeit zu Beginn Ihres Vortrags entscheidend, um Ihr Publikum zu gewinnen. Es gibt mehrere Möglichkeiten, wie Sie eine Präsentation oder eine Rede beginnen können. Ganz egal, welche Möglichkeit Sie wählen: Sie sollten sich in jedem Fall mit Ihrer Eröffnung wohl fühlen. Sie sollten zudem bedenken, dass jede dieser Möglichkeiten einen anderen Effekt auf sein Publikum hat. Wenn Sie diesen Effekt kennen, wird dies einen bleibenden Eindruck für den Rest Ihrer Präsentation hinterlassen.

Eine Geschichte erzählen

Das Sprechen vor Publikum ist eine Kunstform und die Verwendung Ihrer Worte, um eine persönliche Geschichte zu erzählen oder sich darauf zu beziehen, kann eine großartige Möglichkeit sein, um eine Verbindung mit Ihren Zuhörern aufzubauen. Es gibt jedoch eine Regel: Unterbrechen Sie Ihre Rede oder Präsentation nicht mit Ihrer Geschichte. Das ist sehr wichtig. Beginnen Sie nicht mit Ihrer Präsentation und hören Sie dann auf, um eine Geschichte zu erzählen. Sie müssen Ihre Geschichte nahtlos in Ihre Rede einfließen lassen, sodass diese nicht von Ihrer Hauptbotschaft ablenkt. Die Geschichten-Option ist eine gute Eröffnung, da wir schon als Kinder gerne eine gute Geschichte gemocht haben. Achten Sie also darauf, dass Ihre Geschichte auch unterhaltsam ist!

Ein Beispiel: „Als Teenager war ich früher genau wie Sie. Ich verbrachte meine Tage damit, die Schule sausen zu lassen und mit Leuten abzuhängen, die nicht gut für mich waren. Drogen waren in meinem Freundeskreis weit verbreitet und haben mich dazu gebracht, einige schreckliche Dinge zu tun."

Eine Frage stellen

Wenn Sie Ihre Präsentation mit einer Frage beginnen, sollten Sie zunächst eine Erklärung oder ein Was-wäre-wenn-Szenario abgeben. Dies wird nicht nur dazu führen, dass Ihre Zuhörer nachdenken, sondern wird auch ihre Aufmerksamkeit gewinnen. Dies ist ein starker Auftakt einer Rede, da alle Beteiligten von Anfang an involviert sind.

Ein Beispiel: „Es heißt, dass nur zehn Prozent der Menschen auf unserer Welt den Schlüssel zum Glück finden. Es sind viele wichtige Schritte erforderlich, um Ihr eigenes Glück zu finden. Sind Sie bereit, die Arbeit zu leisten, damit auch Sie ein Maß an Glückseligkeit erreichen, das sich auf alle Facetten Ihres Lebens auswirkt?"

Ein Statement machen

Nichts erregt die Aufmerksamkeit einer Person so sehr wie eine Aussage, die sie betrifft. Wenn Sie Menschen dazu bringen wollen, an Ihren Lippen zu hängen, dann können Sie eine Aussage machen, die sich auf jede Person im Raum bezieht. Die Aussage muss nicht negativ sein. Sie sollte sich jedoch auf Ihre Kernbotschaft beziehen und zu Ihrer Recherche passen. Geben Sie unbedingt an, welche Quelle Sie ausgewählt haben, wenn es sich um

Forschungsarbeiten handelt. Sie wollen ja schließlich nicht, dass alle im Raum denken, dass Sie sich etwas ausgedacht haben.

Ein Beispiel: „Die globale Erwärmung verlangsamt sich nicht. Tatsächlich betrifft uns die Erderwärmung alle. Die NASA hat festgestellt, dass dieses Jahr das sechzehntwärmste Jahr seit 134 Jahren war."

Sich bedanken

Demut und Dankbarkeit zu zeigen ist eine großartige Möglichkeit, um Ihre Präsentation zu eröffnen. Wenn Sie an einem Veranstaltungsort sprechen, sollten Sie sich bei den Personen bedanken, die alles für Sie organisiert haben, sowie beim Publikum für sein Erscheinen. Am Ende fühlen sich alle im Raum ernstgenommen und freuen sich auf die bevorstehende Präsentation.

Ein Beispiel: „Zunächst möchte ich allen dafür danken, dass Sie heute gekommen sind. Mir ist Ihre Teilnahme sehr wichtig und ich danke den Organisatoren dafür, dies alles möglich gemacht zu haben. Einen kleinen Applaus für die Organisatoren!"

Ein Kompliment machen

Dies mag ein wenig wie Einschleimen wirken, doch es ist wichtig, dass das Publikum Sie als eine Person ansieht, die bereit dazu ist, zuzuhören und jeden im Raum zu beachten. Indem Sie Ihren Zuhörern ein Kompliment machen, wirkt es so, als ginge es mehr um Ihr Publikum als um Sie – und das macht einen sehr guten ersten Eindruck.

Ein Beispiel: „Zunächst einmal möchte ich sagen, dass es mir ein Vergnügen war, in all den Jahren mit Ihnen zusammenzuarbeiten. Ich weiß, dass diese Präsentation uns alle betrifft, zumal ich Sie alle während unserer Arbeitszeit gut kennenlernen konnte."

Die Fantasie verwenden

Die Fantasie von uns Menschen ist endlos – nutzen Sie das zu Ihrem Vorteil! Sie können ein Gefühl des Teamgeistes kreieren, wenn Sie es schaffen, dass Ihre Zuhörer eine Situation gemeinsam visualisieren können. Diese Methode ermöglicht nicht nur eine gewisse Ruhepause, bevor Sie mit Ihrer Präsentation beginnen, sondern hilft Ihnen auch dabei, eine Verbindung mit Ihrem Publikum aufzubauen.

Ein Beispiel: „Stellen Sie sich vor, Sie stehen vor Ihrem Chef und haben gerade erfahren, dass Sie eine Gehaltserhöhung erhalten haben. Denken Sie über dieses Gefühl nach und öffnen Sie jetzt Ihre Augen. Erfolg ist das, was wir daraus machen."

Die Gliederung Ihrer Rede

Dieser Teil wird ein wenig anstrengend werden, doch ich weiß, dass Sie damit umgehen können! Sobald Sie Ihre Körpersprache und Ihre Stimmlage beherrschen, sind Ihre Worte der nächste Schritt für eine perfekte Präsentation. Die Gliederung Ihrer Rede sorgt dafür, dass Sie gut organisiert sind und Ihre wichtigsten Punkte verstehen. Sie müssen sich die Gliederung gut eingeprägt haben, bevor Sie die Bühne betreten. Ich weiß aus eigener Erfahrung, dass eine unstrukturierte Gliederung fast immer zu einer schlechten Präsentation führt.

Eine Gliederung besteht aus mehreren Teilen und jeder dieser Teile sollte logisch auf dem vorhergehenden Teil aufgebaut sein. Die Übergänge zwischen den verschiedenen Teilen Ihrer Präsentation sollten nahtlos sein, damit Sie Ihre Informationen nicht wiederholen. Jeder Schlüsselpunkt dient seinem eigenen Zweck und hat seinen Platz innerhalb der Präsentation. Nachfolgend sind einige Richtlinien aufgeführt, die Sie befolgen müssen, um sicherzustellen, dass Ihre Gliederung perfekt ist.

Eröffnung und Einführung

Sie müssen Ihre Präsentation furios beginnen. Verwenden Sie also mindestens eines der in diesem Kapitel aufgeführten Konzepte. Ich möchte, dass Ihr Publikum begeistert ist, sobald Sie die Bühne oder den Sitzungssaal betreten. Egal wo Sie sind: Sie sollten mit einem starken Intro beginnen, damit jeder automatisch zuhört. Sie können einige der in diesem Kapitel angebotenen Eröffnungen verwenden und sie an Ihre eigene Präsentation anpassen.

Die Einführung enthält eine Reihe wichtiger Teile, denen Sie in der richtigen Reihenfolge folgen sollten. Einige sind optional, andere sind essenziell für den Beginn Ihrer Rede. Jeder Punkt, der als optional angesehen wird, wird als solcher aufgeführt. Folgen Sie diesen Tipps in der richtigen Reihenfolge und Sie werden sicherlich die für Sie perfekte Einführung finden.

Die Aufmerksamkeit Ihres Publikums gewinnen

Der erste Satz, den Sie aussprechen, ist die Grundlage für den weiteren Verlauf Ihrer Präsentation und beeinflusst, wie sich diese weiter entfalten wird. Stellen Sie also sicher, dass das Erste, was Sie sagen, Ihr Publikum beeinflusst. Es ist wissenschaftlich erwiesen, dass Sie weniger als zwanzig Sekunden Zeit haben, um einen ersten Eindruck zu hinterlassen. Danach kann dieser nicht mehr geändert werden. Verwenden Sie daher unbedingt einen Eröffnungssatz, der Ihre Kernbotschaft widerspiegelt, aber auch die Aufmerksamkeit Ihrer Zuhörer erregt.

Glaubwürdigkeit herstellen

Wenn Sie vor einem Publikum sprechen, das Sie nicht kennen, sollten Sie ihm einen Grund geben, um Ihnen zuzuhören. Sagen Sie Ihren Zuhörern, warum Sie die Person sind, die mit ihnen über das Thema spricht. Wenn Sie über Ihre Hintergrundinformationen sprechen (entweder über Ihr Wissen zu diesem Thema oder über eine Geschichte Ihres persönlichen Lebens), wirken Sie auf Ihre Zuhörer glaubhaft.

Kernbotschaft

Hier stellen Sie die Botschaft Ihrer gesamten Rede vor. Sie sollten Ihre Zuhörer darüber informieren, warum sie hier sind. Dies ist großartig, wenn Sie vor Publikum über ein bestimmtes Thema sprechen, insbesondere über eine Meinung. Wenn Sie vor Ihren

Arbeitskollegen eine Präsentation halten, teilen Sie ihnen hier den Schwerpunkt Ihrer Forschungen mit, sei es das neue Produkt oder die Änderung einer Richtlinie in den Abteilungen. Sie sollten Ihre Kernbotschaft kommunizieren und eine gute Einleitung haben. Danach bauen Sie darauf Ihre wichtigsten Punkte auf.

Vorschau der Präsentation

Dieser Schritt ist optional und kann Ihnen helfen, wenn Sie eine längere Präsentation halten. Sie können die Bühne auch so einrichten, dass jeder weiß, was er während Ihrer Redezeit von Ihnen erwarten kann. Sie können eine Übersichtsfolie verwenden oder einen schnellen Überblick darüber geben, was Ihre Zuhörer von Ihnen erwarten können. Dies ist besonders nützlich, wenn Sie eine längere Präsentation zu einem komplizierten Thema mit vielen Unterpunkten halten.

Zweiter Teil – Wichtige Punkte und Unterpunkte

Ihr zweiter Teil kommt direkt nach Ihrer Einführung. Stellen Sie also sicher, dass der Übergang zwischen Ihrer Eröffnung und den Kernpunkten reibungslos vonstattengeht. Nachdem Sie Ihr zentrales Konzept und Ihre Kernbotschaft kommuniziert haben, können Sie zu den wichtigsten Punkten bzw. zu den Gründen gelangen, warum Ihre Kernbotschaft so ist, wie sie ist. Sie sollten einen Punkt pro Folie und dann mehrere Unterpunkte haben, die Ihnen dabei helfen, diesen Punkt zu argumentieren. Dadurch erhält Ihre Botschaft Glaubwürdigkeit. Stellen Sie daher sicher, dass der Hauptteil des zweiten Teils Ihre Unterpunkte sind. Diese helfen Ihnen dabei, sich auf Ihre Botschaft zu konzentrieren.

Sie können so viele wichtige Hauptpunkte verwenden, wie Sie benötigen. Achten Sie jedoch darauf, dass Sie Ihre Informationen mit geeigneten Recherchen und Zitaten absichern! Wenn Sie Statistiken oder Informationen aus einer Studie verwenden, geben Sie unbedingt an, woher Sie diese haben. Sie müssen diese Informationen nicht in die Diashow oder Präsentation selbst einfügen, sondern müssen Sie lediglich kommunizieren.

Dritter Teil – Argumentieren Sie für Ihre Botschaft

Es geht nur um den Kontrast! Wenn Sie versuchen, Ihr Publikum von Ihrem Standpunkt zu überzeugen, sollten Sie kontrastierende Argumente verwenden und diese dann widerlegen. Sie sollten dies vor dem letzten Teil Ihrer Präsentation tun, damit Sie Ihr Publikum darauf hinweisen, dass Ihre Kernbotschaft korrekt ist. Wenn Sie diese Argumente zu früh in der Präsentation verwenden, wird Ihr Publikum sie möglicherweise vergessen, insbesondere wenn Sie viele Informationen haben, die Sie an das Publikum übermitteln wollen.

Wenn Sie in Ihrer Präsentation Argumente verwenden, die im Widerspruch zueinander stehen, werden Sie feststellen, dass diese die Aufmerksamkeit Ihres Publikums auf sich ziehen. Ihr Publikum wird überrascht sein und über das Thema nachdenken. Wenn Sie Argumente in Ihren Vortrag integrieren, die sich widersprechen, erhöhen Sie die Spannung und die Dramatik. Je länger Sie die Aufmerksamkeit Ihres Publikums aufrechterhalten, desto mehr wird es sich an Ihre Kernbotschaft erinnern. Durch die Verwendung von Argumenten, die im Widerspruch zueinander stehen, fügen Sie zudem Fakten hinzu, die Sie sie neben den verschiedenen Argumenten platzieren. Auf diese Weise können Ihre Zuhörer Ihre Sichtweise besser verstehen, insbesondere wenn Sie Beispiele anbieten können.

Ein kontrastierendes Argument besteht aus drei Teilen: Der erste Teil ist Ihre Kernbotschaft, die als Erstes besprochen werden sollte. Sie sollten über alle Konsequenzen sprechen, warum Ihre Zuhörer Ihre Botschaft berücksichtigen sollten. Im zweiten Schritt wird das Ergebnis analysiert, warum die aktuelle Methode nicht funktioniert. Am Ende sprechen Sie über die positiven Aspekte Ihrer Botschaft und wie sie die Situation verändern kann.

Ein Beispiel:

Schritt 1 – Steuern müssen auf die Reichen erhoben werden. Auf diese Weise können wir unseren Gemeinden helfen und bessere Wohnverhältnisse schaffen.

Schritt 2 – Was geschieht mit den Reichen, wenn wir sie nicht besteuern? Sie werden nur noch reicher. So sieht die aktuelle Situation jetzt aus. Die Reichen haben so viele Dinge, die sie nicht brauchen.

Schritt 3 – Wenn wir uns also mit der Besteuerung der Reichen befassen, werden Sie sehen, dass wir dieses Geld in verschiedene Bereiche wie Schulen und Transportmittel investieren können. Je früher wir dies tun, desto schneller werden wir Erfolge sehen.

Bitte beachten Sie, dass dies nur ein Beispiel ist. Ich kontrastiere zwei Punkte und bringe Sie gleichzeitig dazu, über meine Botschaft nachzudenken. Ich gebe Ihnen Gründe und gehe dann darauf ein. Natürlich wird Ihre Präsentation nicht so kurz sein, aber Sie verstehen, was ich damit sagen will. Sie können überlegen, welche zusätzlichen Argumente es noch geben könnte und welche davon in Ihren Ansatz passen. Das ist das Schöne an kontrastierenden Konzepten.

Vierter Teil – Sagen Sie es noch einmal für das Publikum im Hintergrund

Der vierte Teil steht direkt vor Ihrer Schlussfolgerung, die insgesamt ein separater Teil Ihres Vortrags sein sollte. In diesem Teil können Sie Ihre wichtigsten Punkte und Ihre Kernbotschaft zusammenfassen. Dies ist eine Grundformel für jede Rede oder Präsentation, die jedoch immer effektiv ist. Sie können jederzeit geringfügige Änderungen vornehmen, insbesondere wenn Sie eine einzigartige Präsentation erstellen möchten.

Achten Sie in diesem letzten Teil darauf, die Aufmerksamkeit des Publikums noch einmal auf sich zu ziehen. Sie möchten ja schließlich, dass Ihre Zuhörer die Präsentation verlassen und alles verstanden haben, was sie gerade gehört haben. Wenn Sie also eine große Menge an Informationen zusammenfassen, versuchen Sie, diese wirklich auf die wichtigsten Punkte zu beschränken und sie so kurz wie möglich zu halten, damit sie leichter zu verstehen sind. Sie sollten Ihre Zusammenfassung eher als Erklärung betrachten.

Schlussfolgerung – Sagen Sie Ihre letzten Worte

Ich möchte, dass Sie über einige Ihrer Lieblingsfilme nachdenken. Welcher Film hat Ihre Aufmerksamkeit wirklich auf sich gezogen? Warum lieben Sie diese Filme? Einige Menschen lieben ihre Lieblingsfilme wegen des Endes. Wenn ein wirklich großartiger Film seinen Höhepunkt erreicht, ist im Publikum kein Mucks mehr zu hören. Ich möchte, dass Sie Ihre Präsentationen und Reden ebenfalls mit einem solchen Gefühl beenden können. Es gibt mehrere Möglichkeiten, um Ihre letzten Worte genauso unvergesslich zu machen wie Ihre ersten zu Beginn Ihrer Präsentation.

Außerdem kann es vorkommen, dass Ihre Botschaft im Eifer des Gefechts ein wenig untergeht. Vielleicht haben Sie versehentlich den Faden verloren? Das ist kein Grund zur Sorge. Sie können Ihre Präsentation dennoch richtig beenden, sodass Ihre Kernbotschaft das Letzte ist, womit Ihre Zuhörer den Raum verlassen.

Ihre Zuhörer herausfordern

Wollten Sie Action verbreiten? Wir alle wissen bereits, dass es nichts Besseres gibt, als seine Zuhörer herauszufordern, sodass sie das Gefühl bekommen, dass auch sie etwas tun müssen. Es handelt sich um eine Art Aufruf zum Handeln. Beginnen Sie Ihre Schlussfolgerung mit Ihrer Hauptbotschaft und sagen Sie dann Ihren Zuhörern, was sie tun können, um das Ergebnis oder sogar ihr eigenes Leben zu ändern.

Vergleiche anstellen

Wenn Sie eine Rede über einen Sachverhalt halten, der geändert werden muss, dann können Sie diese am besten beenden, indem Sie einen Vergleich mit dem Sachverhalt anstellen, gegen den Sie sind. Möglicherweise haben Sie dies bereits im dritten Teil getan. Wenn Sie Ihr Publikum jedoch davon überzeugen möchten, ihre Meinung zu ändern, dann ist dies noch einmal eine gute Möglichkeit, um dies zu erreichen. Auf diese Weise wird Ihr Publikum die Gültigkeit des Gegenarguments in Frage stellen. Zum Beispiel können Sie sagen: „Wir zerstören entweder die Erde durch die globale Erwärmung oder wir erschaffen eine Zukunft für unsere Kinder." Damit verstärken Sie nicht nur Ihre Botschaft, sondern geben Ihrem Publikum auch einen Hinweis in Bezug auf die Änderung.

Witz und Humor

Möchten Sie, dass Ihre Zuhörer nach dem Ende über Ihre Präsentation sprechen? Dann beenden Sie sie mit Humor. Nichts bringt Menschen mehr dazu, mit einem Lächeln den Saal zu verlassen, wie ein abschließender Witz. Sie können einen Witz auswählen, der Aspekte Ihrer Kernbotschaft enthält oder einen, der ein wichtiges Argument wiederholt, das Sie zuvor erwähnt haben. Wenn Sie sich für diesen Schluss entscheiden, dann sollten Sie den Witz bei ein oder zwei Freunden vorher ausprobieren, um herauszufinden, ob er tatsächlich lustig ist. Sie möchten schließlich nicht, dass Ihre Präsentation mit einer unangenehmen Stille endet.

Danke, danke

Ich bin sicher, dass Sie bereits wissen, worauf ich hinaus will! Sie sollten allen im Raum klar machen, wenn Sie fertig sind. Dies ist eine lockere, aber dennoch bescheidene Möglichkeit, um Ihre Präsentation zu beenden. Danken Sie einfach dem Publikum fürs Zuhören und für seine Teilnahme. Dies ist ein einfacher, aber dennoch effektiver Weg, um die Präsentation zu beenden. Dieser Tipp ist nicht neu und wird niemals alt werden, da die Menschen immer dankbar dafür sind, dass jemand sich bei ihnen dafür bedankt, sich Zeit genommen zu haben.

Visuelle Reize

Haben Sie Ihr abschließendes Statement gemacht? Nun ja, dies wäre ein großartiger Zeitpunkt, um Ihr Publikum zu beeindrucken. Hierbei können Sie ein Bild verwenden, das Ihre Zuhörer zum Nachdenken anregt. Wählen Sie also ein Bild, das sich auf Ihre Botschaft bezieht und das Ihre Zuhörer noch eine oder zwei Minuten nachdenken lässt, bevor sie den Raum verlassen.

Der Geschäftsmogul, der seine Angst überwunden hat – Profil Warren Buffett

Sie haben sicherlich schon einmal den Namen dieses Mannes gehört. Schließlich ist er einer der reichsten Männer der Welt. Er hat wahrscheinlich an mehr Meetings und Präsentationen teilgenommen als wir in unserem ganzen Leben, da er der CEO von Berkshire Hathaway und zudem ein bekannter Investor ist. Es besteht kein Zweifel daran, dass die Leute ihm jeden Tag ihre Geschäftsideen vorstellen wollen. Als Geschäftsmann musste er sich jedoch auch anderen Menschen vorstellen bzw. präsentieren. Leider hatte Warren Buffet zu Beginn seiner Karriere Angst, vor anderen Menschen zu sprechen.

Der Geschäftsmogul spricht offen über diese Angst zu Beginn seiner Karriere und darüber, wie sich diese Angst auf seine berufliche Laufbahn auswirkte. Man könnte sagen, wenn er seine Ängste nicht überwunden hätte, wäre er möglicherweise nicht der Mann geworden, den wir heute alle kennen. Wie hat er das gemacht?

Sie werden überrascht sein, dass er ähnliche Maßnahmen ergriffen hat wie diese, die in diesem Buch enthalten sind, das Sie gerade lesen. Er hat sogar zugegeben, dass er an einem Rhetorikkurs teilgenommen hat, diesen jedoch abbrach, weil er zu nervös war! Es besteht kein Zweifel daran, dass er viele Hindernisse überwinden musste, und er tat es Schritt für Schritt.

Der Milliardär meldete sich zu einem Rhetorikkurs an und wurde nach seinem Universitätsabschluss Dozent. Zunächst einmal nahm er Gelegenheiten wahr, bei denen er vor Publikum sprechen musste. Er begann auch damit, allein zu üben, und versuchte sich vorzustellen, dass er vor einer Menschenmenge stehen konnte, ohne seinen Vortrag zu vergessen.

Ohne es sich bewusst zu sein, stellte sich Warren Buffett seinen Ängsten und überwand sie. Aus diesem Grund wurde er wahrscheinlich der furchtlose Geschäftsmagnat, der er heute ist. Natürlich hat er sich sehr stark weiterentwickelt, seit er ein junger Mann war, der zu viel Angst hatte, um überhaupt vor einer Menschenmenge zu stehen.

KAPITEL 6

Herausragende Präsentationen entwerfen

Sie sollten die Gliederung aus dem vorherigen Kapitel verwenden, wenn es um den Ablauf Ihrer Präsentation geht. In diesem Kapitel geht es nun darum, wie man eine Präsentation erstellt. Dazu gehört, welche Werkzeuge Sie für Datenvisualisierung verwenden können und wie Sie die richtigen Wörter finden, um Ihre Botschaft an das Publikum hervorzuheben. Ich habe keinen Zweifel daran, dass Ihre Präsentation, wenn Sie einige der Optionen in diesem Kapitel anwenden, die Leute im Raum begeistern wird.

Nützliche Werkzeuge

Die richtige Präsentation beginnt mit dem richtigen Programm zum Erstellen Ihrer Folien. Es gibt eine beliebte Präsentations-Software, die die meisten Unternehmen verwenden – Microsoft PowerPoint. Dies ist jedoch nicht Ihre einzige Option. Ich habe unten einige verschiedene Präsentationsprogramme aufgelistet, die genau Ihren Anforderungen entsprechen! Darüber hinaus habe ich nur Programme aufgenommen, die kostenlos heruntergeladen werden können.

Google Slides

Die Verwendung dieser Online-Option ist effektiv, wenn Sie von überall aus an Ihrer Präsentation arbeiten wollen. Sie benötigen auch keinen USB-Stick oder einen bestimmten Computer. Sie können auf jedem Gerät daran arbeiten, da Ihre Datei in Ihrem Google-Konto gespeichert wird. Diese Option eignet sich auch hervorragend, wenn Sie mit einer Gruppe arbeiten, da jeder in der Gruppe Ihre Präsentation anpassen kann. Sie können bestimmten Personen den Zugriff auf das Dokument gewähren.

Keynote

Sind Sie Apple-Fan? Wenn ja, dann sollte Keynote Ihr bevorzugtes Programm werden. Dies liegt daran, dass dieses Programm am besten mit iCloud-, iOS- und Mac-Geräten verwendet wird. Wie viele der hier aufgeführten Programme lässt sich auch dieses Programm leicht anpassen. Es bietet eine Vielzahl verschiedener Optionen, z. B. die Verwendung auf mehreren Geräten, Spezialeffekte für Ihre Präsentation und einzigartige Themen, die Sie individuell einstellen können. Einer der Nachteile ist, dass dieses Programm nur auf Apple-Geräten verfügbar ist.

Photostage Slideshow Software

Sie werden feststellen, dass dieses Programm eines der am einfachsten zu verwendenden ist. Es ermöglicht die einfache Erstellung professioneller Präsentationsfolien und bietet eine Vielzahl von Bearbeitungsoptionen. Wie bei den meisten Präsentations-Anwendungen können Sie auch hier Bilder, Übergänge und Musik einfügen. Sie können Ihre Präsentation bei Bedarf auch auf einer DVD speichern oder auf YouTube hochladen, um sie von überall aus einfach zu streamen.

Movavi Slideshow Maker

Dies ist ein einfaches Programm, mit dem Sie personalisierte Präsentationsfolien mit einer Vielzahl verschiedener Optionen erstellen können. Der eigentliche Vorteil dieses Programms sind die vorgefertigten Folien-Vorlagen und die Bibliothek mit kostenloser Hintergrundmusik, Filtern und Spezialeffekten. Dies ist das Programm, das Sie verwenden sollten, wenn Sie eine Präsentation mit mehr Anpassungsoptionen erstellen möchten. Es handelt sich hierbei um das beste Programm für eine einzigartige Präsentation.

Ihre Präsentation erstellen

Was macht eine gute Präsentation zu einer herausragenden Präsentation? Ich möchte, dass Sie an einige Dinge denken, die Sie sofort bemerken, wenn Sie sich eine Präsentation ansehen. Ist es die visuelle Anziehungskraft? Ist es die richtige Wortwahl? Sind es gut dargestellte Informationen? Lassen Sie mich Ihnen verraten, dass es sich um eine Kombination all dieser Aspekte handelt. Es ist nicht so einfach, eine Präsentation zu erstellen, die nicht nur Ihre Informationen korrekt vermittelt, sondern auch ästhetisch ansprechend ist. Sie klicken nicht nur auf ein paar Schaltflächen auf dem Bildschirm und schon haben Sie die perfekte Präsentation.

Es gibt bestimmte Schritte, die Sie unternehmen können, um eine Präsentation zu erstellen, die Ihrem Thema entspricht und gleichzeitig schön anzusehen ist. Mit diesen Schritten können Sie die Art der Präsentation vermeiden, die Ihr Publikum langweilt. Gehen Sie also nach den folgenden Richtlinien vor. Fühlen Sie sich frei, diese Richtlinien anzupassen, aber achten Sie darauf, nur die optionalen Schritte wegzulassen.

Gliederung

Dies versteht sich zwar von selbst, doch Sie sollten Ihre Präsentation immer vorher grob gliedern, bevor Sie sie im Programm erstellen. Schließlich müssen Sie wissen, was Sie sagen werden. Egal wie viele Informationen Sie in jede Folie einfügen, wenn Sie sie nur skizzieren, dann wird Ihre Präsentation wahrscheinlich unstrukturiert und unprofessionell werden. Um eine Gliederung zu erstellen, schreiben Sie einfach die Informationen auf, die jede Folie enthalten soll, und weisen jeder Folie ein bestimmtes Thema zu. Sie haben ja bereits eine Gliederung für Ihren gesamten Vortrag erstellt, sodass Sie diese als Grundlage verwenden und die Informationen der Reihe nach in die Präsentation einfügen können.

Hier ist ein Beispiel für die Gliederung einer Präsentation:

1. Einleitung
2. Kernaussage
3. These/Vorschlag (oder Zusammenfassung)
4. Warum Ihre Zuhörer den Vorschlag berücksichtigen sollten (Schlüsselpunkte)
5. Weitere Gründe (Beispiele für Schlüsselpunkte)
6. Fazit und Zusammenfassung
7. Danksagung/Fragen

Dies ist nur ein Beispiel für eine Präsentation. Jeder Gliederungspunkt enthält nicht nur eine einzige Folie, da möglicherweise mehrere wichtige Punkte oder Gründe für Ihr Thema zu berücksichtigen sind, insbesondere wenn es sich um eine argumentative Thematik handelt. Es spielt keine Rolle, wie viele Folien Sie verwenden müssen – stellen Sie einfach sicher, dass die Informationen auf jeder Folie klar und präzise sind.

Tonlage

Sie müssen Ihre Tonlage anpassen, und zwar je nachdem, welche Art von Präsentation Sie halten. Wenn Sie zum Beispiel einen professionellen Ton wählen, sollten Sie (offensichtlich) keine Präsentation über den Weihnachtsmann halten. Sie sollten auch Fachtermini verwenden, die sich auf Ihr Arbeitsgebiet beziehen. Wenn Ihre Präsentation humorvoll ist, sollten Sie sie so erstellen, dass sie helle Farben aufweist, sodass jeder sofort weiß, was ihn erwartet. Sie sollten keine Angst davor haben, nicht den richtigen Ton zu treffen. Es ist ja schließlich Ihre Präsentation. Sie können sie also einzigartig gestalten und gleichzeitig Ihre einzigartige Tonlage wählen. Professionelle Meetings können informell sein. Machen Sie sich also keine Sorgen und gestalten Sie Ihre Präsentation für alle Beteiligten so angenehm wie möglich, auch wenn die Informationen möglicherweise etwas trocken sind.

Ihre wichtigsten Punkte hervorheben

Ihre Hauptpunkte sollten im Mittelpunkt Ihres Vortrags stehen. Diese helfen Ihnen nicht nur dabei, sich an bestimmte Aspekte Ihres Themas zu erinnern, sondern damit steuern Sie Ihre Informationen auch, damit Sie nicht davon abweichen. Sie sollten stets eine Liste Ihrer wichtigsten Punkte erstellen, die sich um Ihre Kernbotschaft drehen. In Ihre Präsentation sollten Hinweise eingebettet sein, damit Sie Ihrem Gedächtnis auf die Sprünge helfen können, falls Sie den Faden verlieren oder eine bestimmte Sache vergessen. Wenn Sie über Ihre Hauptpunkte nachdenken, sollten Sie sie richtig klassifizieren, und zwar unabhängig davon, ob Sie eine professionelle Präsentation oder eine Rede halten. Und es ist wichtig, diese Hauptpunkte genau zu benennen, unabhängig davon, ob Sie Ihren Vortrag ernst oder humorvoll gestalten.

Vergessen Sie nicht, Ihre Kernpunkte mit Unterpunkten abzusichern. Wir werden später nochmals darauf eingehen, doch Sie sollten darauf achten, dass jeder Punkt die richtigen Informationen enthält. Sie können diese Informationen dann verwenden, um Ihre Kernbotschaft zu untermauern und Ihren Standpunkt zu argumentieren.

Ihre visuellen Hilfsmittel unterstützen Sie

Es gibt bestimmte Farben, auf die unsere Augen von Natur aus achten. Es geht jedoch nicht darum, diese Farben überall zu verwenden. Wenn Sie eine Präsentation erstellen, sollten Sie immer einfache Regeln befolgen, damit Sie die Aufmerksamkeit Ihres Publikums auf sich ziehen. Schließlich kommt es ja auf den Inhalt Ihrer Präsentation an. Die Art und Weise, wie Ihre Präsentation aussieht, wird die Aufmerksamkeit Ihres Publikums gewinnen. Achten Sie also darauf, dass Ihre Präsentation optisch ansprechend ist.

Visueller Stil

Sie können stets eine Vorlage verwenden, doch das wirkt ein wenig billig, insbesondere wenn ein Zuhörer das erkennt! Gott bewahre, dass das passiert. Stattdessen sollten Sie Ihr eigenes Präsentationslayout erstellen, damit Sie Ihren eigenen Stil und Ihre eigenen Farben auswählen können. Sie sollten während Ihrer Präsentation jedoch nicht zu viele verschiedene Stile verwenden. Verschiedene Stile können die Aufmerksamkeit der Zuhörer übermäßig auf sich ziehen und vom Inhalt zu sehr ablenken oder sogar verwirrend wirken. Sie sollten darauf achten, dass Ihre Folien einheitlich aussehen und einem bestimmten Stil folgen, den Sie ausgewählt haben. Seien Sie also während der gesamten Präsentation konsistent. Dies schließt auch alle Textfelder und Diagramme ein, die Sie möglicherweise verwenden. Behalten Sie das Farbschema durchgehend bei.

Ein wenig Platz lassen

Niemand mag Unordnung. Ob auf Ihrem Schreibtisch oder zu Hause: Chaos spricht das Auge nicht an. Stellen Sie sicher, dass Ihre Folien übersichtlich sind! Weniger ist immer mehr, wenn es um Ihre Präsentation geht. Sie sollten nicht zu viele Wörter auf die Folien packen. Sie wollen ja, dass Ihre Zuhörer Ihnen zuhören, anstatt die ganze Zeit zu lesen. Andernfalls hätten Sie ihnen Ihre Präsentation auch einfach per E-Mail zusenden können.

Farben sind der beste Freund des Publikums

Dies ist eines der wichtigsten Elemente einer Präsentation. Wenn Sie Farben richtig verwenden, werden Sie feststellen, dass Ihre Präsentation wirklich gut ankommt. Wenn Sie für ein Unternehmen arbeiten, können Sie möglicherweise bestimmte Unternehmensfarben verwenden. Verwenden Sie Farben also mit Bedacht! Wenn Sie lediglich Ihr Thema präsentieren möchten, wählen Sie unbedingt Farben, die gut zusammenpassen und einander kontrastieren. Vermeiden Sie Farben, die sich zu ähnlich sehen, wie Indigo und Marineblau. Sie möchten ja schließlich, dass

Ihre Präsentation auch etwas fürs Auge bietet. Zum Beispiel sind Blau und Weiß kontrastierende Farben, die gut zueinander passen und dennoch das Auge ansprechen.

Wenn Sie Ihre Schriftfarbe auswählen, sollten Sie sich an eine dunkle Farbe halten, sodass jeder sie lesen kann. Verwenden Sie keine hellen Farben! Wenn Sie eine helle Farbe auf einem dunklen Hintergrund verwenden, z. B. Gelb auf Schwarz, dann sieht dies möglicherweise unprofessionell aus. Wenn Sie keine Lust haben, eine helle Farbe auf dunklem Hintergrund zu verwenden, dann greifen Sie zu einer weißen Schriftfarbe. Wenn die Schrift schmal ist, dann machen Sie die Schriftfarbe fett, damit man sie gut lesen kann. Vermeiden Sie es auch, zu viele Wörter auf einer Folie zu verwenden. Das Publikum kann nicht so schnell lesen und Ihnen gleichzeitig zuhören und zuschauen. Halten Sie sich von einer roten Schriftfarbe fern, da dann alles so aussieht, als wären es Korrekturen. Rot ist die typische Farbe für Fehler, sodass jeder dies unbewusst mit Ihrer Präsentation in Verbindung bringt.

Wenn Sie sich nicht sicher sind, wie viele Farben Sie verwenden sollen, verwenden Sie immer so wenige wie möglich. Versuchen Sie also, nur zwei oder drei Farben zu benutzen. Sie können dies jederzeit ändern, wenn Sie das Gefühl haben, dass Ihre Präsentation etwas langweilig aussieht. Wählen Sie zwei gegensätzliche Farben wie Weiß und Schwarz und dann eine Sekundärfarbe, um einen Kontrast herzustellen.

Diagramme und Grafiken

Diagramme sind eine einfache Möglichkeit, Informationen zu vermitteln, ohne die Zahlen aussprechen oder auflisten zu müssen. Achten Sie darauf, wie Sie Farben verwenden und verdeutlichen Sie die Informationen in den Diagrammen klar genug, damit jeder sie auf den ersten Blick verstehen kann. Fügen Sie nur Diagramme hinzu, die für das jeweilige Thema wichtig sind. Sie sollten Ihr Publikum nicht mit Informationen überladen. Es ist auch günstig, wenn Sie nicht zu viele Zahlen oder Texte neben Ihr Diagramm einfügen, da dies unübersichtlich wirken kann. Sie können auch stets zusätzliche Informationen zu den Diagrammen mündlich kommunizieren, anstatt der Folie eine große Menge an Zahlen hinzuzufügen.

Diagrammtypen, die sich bewährt haben:

- Säulendiagramm – Dieses Diagramm wird am besten dann verwendet, wenn Sie mehrere Themen vergleichen. Sie können verschiedene Daten, Produkte oder Optionen hinzufügen. Sie können auswählen, welche Informationen Sie hinzufügen wollen. Mithilfe eines Säulendiagramms können Sie die Informationen einfach vermitteln, sodass jeder im Publikum die Unterschiede erkennen kann.
- Streudiagramm – Verwenden Sie dieses Diagramm, wenn Sie Zahlen vergleichen, die normalerweise aus Verkäufen oder Ähnlichem stammen. Wenn Sie mehrere Themengebiete haben, ist dieser Diagrammtyp Ihre beste Wahl. Er wird normalerweise verwendet, um Orte oder Daten zu vergleichen.
- Gestapeltes Säulendiagramm – Dies ist die beste Option für Zusammensetzungen. Verwenden Sie maximal vier Kompositionselemente, damit das Diagramm in der Präsentation nicht überladen wirkt.

Animationen und Übergänge

Seien Sie vorsichtig, wenn Sie Animationen und Übergänge verwenden! Sie möchten ja schließlich nicht, dass Ihre Präsentation unprofessionell aussieht, was schnell der Fall sein kann, wenn sich auf jeder Folie Animationen befinden. Sie sollten Animationen verwenden, um Ihrer Präsentation mehr Stil zu verleihen und die entsprechenden Inhalte besser darzustellen. Stellen Sie sicher, dass die Animationen Ihre Zuhörer nicht ablenken, sondern das Auge ansprechen und sich mühelos in die Präsentation einfügen. Wenn Sie eine Unternehmenspräsentation halten, machen Sie es sich einfach und verlangsamen Sie die Übergänge. Eine der besten Möglichkeiten, um Animationen einzubeziehen, besteht darin, Ihre Unterpunkte anzuzeigen, die sich auf Ihre wichtigsten Punkte beziehen, oder beim Übergang von einer Folie zur nächsten von einem Thema zum anderen zu wechseln.

Die richtigen Worte finden

Wir alle mussten schon einmal schlechte Präsentationen durchstehen. Lassen Sie mich folgende Frage stellen: Was ist Ihrer Meinung nach eine schlechte Präsentation? Oftmals liegt es an den Worten, die verwendet wurden. Dies bezieht sich nicht nur auf unsere Wortwahl, sondern auch auf das, was wir sehen. In der Regel sind schlechte Präsentationen auch länger als nötig und visuell nicht ansprechend.

Ihr Publikum ist wählerisch in Bezug auf den Text, der in Ihrer Präsentation angezeigt wird. In der Regel reagieren Ihre Zuhörer am besten auf Präsentationen, die visuelle Elemente und minimalen Text bieten. Die Zuhörer beschäftigen sich lieber mit solchen Präsentationen. Bombardieren Sie Ihr Publikum nicht mit einer riesigen Menge an Informationen. Lassen Sie auch einige Informationen aus, was eine großartige Möglichkeit ist, um Ihre Zuhörer dazu zu bringen, Fragen zu stellen.

Sie wollen schließlich nicht, dass Ihre Zuhörer einen Roman lesen müssen. Seien Sie sich also bewusst, dass es überfordernd wirken kann, wenn Sie Ihr Publikum mit langen Texten konfrontieren. Das ist so, als würden Sie versuchen, eine Doktorarbeit vorzutragen, und das will nun wirklich niemand. Außerdem verwirren Sie Ihr Publikum, da es erwartet, dass es die Informationen hört, anstatt sie lesen zu müssen. Aus diesem Grund sollten Sie nur die erforderlichen Informationen angeben. Lassen Sie also ein wenig Platz, um jeden Teil Ihrer wichtigsten Punkte zu erklären.

Aus diesem Grund sollten Sie sich auf Ihre Kernbotschaft konzentrieren. Stellen Sie sicher, dass jede Folie Ihre Nachricht kommuniziert, indem Sie Informationen zu ihren wichtigsten Punkten hinzufügen (dies ist auch der Grund, warum die Gliederung Ihrer Präsentation für den Erfolg von entscheidender Bedeutung ist).

Sobald Sie sich auf Ihre Botschaft konzentriert haben, ist es einfacher, diese mit weniger Worten zu vermitteln.

Also passen Sie Ihre Präsentation entsprechend an! Sie sollten alle überflüssigen Informationen entfernen. Wenn Sie mit der Erstellung Ihrer Folien fertig sind, entfernen Sie mit einem strengen Auge sämtliche überflüssigen Informationen. Wenn sich auf den Folien Informationen befinden, die nicht genannt werden müssen, dann löschen Sie sie einfach. Sie können die Informationen immer noch verbal nachliefern, anstatt sie auf die Folie zu schreiben. Sie sollten einen minimalistischen Look erzielen – denken Sie in Aufzählungspunkten, arbeiten Sie diese dann heraus und fügen Sie Informationsdiagramme hinzu, wenn es sich um Zahlen handelt.

Ich weiß, wie schwierig es sein kann, die Informationen zu reduzieren, insbesondere wenn Sie sich für das Thema begeistern, aber Sie sollten dennoch keine zusätzlichen Daten behalten, die nicht zu Ihrer Präsentation beitragen. Zeigen Sie Ihre Leidenschaft mit dem, was Sie sagen, anstatt mit dem, was Sie auf dem Bildschirm zeigen. Außerdem vermeiden Sie auf diese Weise Wiederholungen. Wenn Sie zu viel Text in Ihre Präsentation einbauen, dann passiert es schnell, dass Sie sich unwissentlich einige Male wiederholen, was den Anschein erwecken kann, als hätten Sie nicht genug Zeit in die Vorbereitung Ihrer Präsentation gesteckt.

Zusammenstellung

Zunächst sollten Sie alle Informationen lange vor dem Präsentationsdatum zusammengesammelt haben. Auf diese Weise können Sie sich besser vorbereiten und außerdem haben Sie dann noch genügend Zeit zum Üben. Je öfter Sie geübt haben, desto natürlicher wird die Präsentation.

Ihre Kernbotschaft sollte Ihnen wichtig sein und Sie sollten Gründe dafür finden, um diese Kernbotschaft mit Leidenschaft zu vertreten. Sie können zwar stets Interesse vortäuschen, doch auf diese Weise verlieren Sie Ihr Publikum. Ihr Publikum wird merken, dass Sie doch nicht so stark an Ihrem Thema interessiert sind, und zwar unabhängig davon, wie enthusiastisch Sie sich geben. Stellen Sie also sicher, dass Sie ein Thema ausgewählt haben, das Ihnen Spaß macht. Dann wird es auch Ihrem Publikum gefallen. Dies gilt für Ihre gesamte Präsentation. Wenn Sie mit den Folientiteln, Ihren Folien und mit Ihren visuellen Hilfsmitteln zufrieden sind, dann wird sich dies auf das Publikum auswirken.

Bauen Sie auf Ihrem zentralen Thema auf und stellen Sie sicher, dass Ihre Präsentation sämtliche Aspekte dieses Themas umfasst. Ich bin mir sicher, dass Sie auf einige Probleme stoßen werden, aber das passiert sogar den Besten von uns. Aber wenn Ihre Präsentation fertig ist, alle Informationen richtig zusammengestellt sind und Sie sich Zeit zum Proben genommen haben, dann besteht eine hohe Wahrscheinlichkeit, dass Sie eine sehr gute Präsentation abliefern.

Wie ein großartiger Golfer sein Stottern überwand – Profil Tiger Woods

Tiger Woods ist eine bekannte Persönlichkeit und eine lebende Golflegende. Früher stotterte er, was er jedoch erfolgreich überwinden konnte, um die Person zu werden, die er heute ist. Er selbst sagt, dass sein Siegeswille in jedem Aspekt seines Lebens ihm dabei geholfen hat, seine Sprachschwierigkeiten zu überwinden. Es gibt Interviews, in denen sein Stottern zurückkehrte.

Aber wie schaffte er das? Die Antwort wird Sie wahrscheinlich überraschen. Es war nicht nur sein Durchhaltevermögen, sondern der Grund lag auch darin, dass er mit seinem Hund sprach. Er übte so lange, bis sein treuer Gefährte einschlief.

„Ich habe endlich gelernt, wie man das macht, nicht zu stottern", sagte er einmal.

Das Stottern beginnt in der Kindheit und es kann schwer sein, es zu überwinden. Es gibt Sprachtherapien und Schulen, die den Schülern dabei helfen, nicht mehr zu stottern. Manchmal braucht es also ein wenig Übung und einen besten Freund, um mit Ihrer Angst umzugehen, vor anderen Menschen zu sprechen.

KAPITEL 7:

Ihr Publikum erfolgreich in Ihren Bann ziehen

Gute Redner haben etwas Besonderes an sich. Irgendwie können solche Menschen vor einer Menschenmenge stehen, mit ihr sprechen und sie zum Handeln bewegen. Wenn Sie das Sprechen vor Publikum beherrschen möchten, braucht es mehr, als nur unterhalten zu können. Sie müssen Ihre Zuhörer auch motivieren können und sie dazu bringen, Ihnen *wirklich* zuzuhören. Ihr Publikum wird Sie dafür schätzen, und wenn Sie dies schaffen, dann können Sie ein Netzwerk von Menschen aufbauen, das Ihnen später helfen kann, eine steile Karriere zu machen. Wenn Sie mit diesem gewissen Etwas präsentieren, das die Menschen fasziniert, werden Sie wahrscheinlich über Mundpropaganda für zusätzliche Vorträge gebucht werden.

Hier geht es darum, faszinierend auf andere Menschen zu wirken und Ihre Zuhörer mit Ihrer Stimme, Ihren Worten und Ihrer Körpersprache zu begeistern. Diese drei Aspekte können, wenn sie miteinander kombiniert werden, die Art und Weise verändern, wie Sie sich auf der Bühne verhalten. Außerdem verändert dieser Dreiklang auch die Art und Weise, wie Menschen auf Sie reagieren, und zwar unabhängig davon, über welches Thema Sie sprechen. Sobald Sie verstanden haben, dass jede Geste und jedes Wort einen anderen Effekt hat, können Sie an Ihrer Präsenz arbeiten. Sie müssen diese Arbeit im Inneren vollbringen, damit Sie von außen erstrahlen können. Und ich weiß, dass das möglich ist!

Vorangehen

Ich möchte, dass Sie an jemanden denken, der eine überragende Präsenz hat. Dies kann eine Berühmtheit oder jemand sein, den Sie kennen – es spielt keine Rolle. Versuchen Sie zu überlegen, was dieser Mensch hat, wenn er spricht oder wenn er einen Raum betritt. Achtet jeder im Raum auf diese Person? Hängen Sie an den Lippen dieser Person? Dies kann als das „gewisse Etwas" bezeichnet werden. Man könnte meinen, dass solche Menschen damit geboren wurden, doch tatsächlich ist diese Ausstrahlung oftmals etwas, das durch Lebenserfahrungen und natürliche Führungsqualitäten entwickelt wird. Und möchten Sie das Beste an der ganzen Sache wissen? Sie können lernen, wie Sie diese Ausstrahlung ebenfalls bekommen, damit Sie jedes Mal, wenn Sie einen Raum betreten, dieses „gewisse Etwas" versprühen.

Alles über das Thema Interesse

Sicher, Sie können lernen, vor Publikum zu sprechen und eine Menge zu begeistern. Das ist in Ordnung. Aber wissen Sie, was nicht in Ordnung ist? Nicht auf Feedback hören oder nicht zuzuhören, wenn jemand anderes spricht. Der beste Weg, um den Respekt anderer Menschen zu erlangen, besteht darin, nicht nur interessant zu sein, sondern sich auch für das zu interessieren, was sie sagen.

Früher hatte ich die schlechte Angewohnheit, den Raum vor Nervosität mit meinem Blick zu durchsuchen, wenn jemand mit mir sprach. Meine Augen sprangen von Person zu Person, als würde ich auf eine neue Gelegenheit für ein neues Gespräch warten, auch wenn dies nicht der Fall war. Wie hat sich wohl die Person, die sich mit mir unterhielt, gefühlt? Ich kann mir nur vorstellen, dass sie sich ziemlich schrecklich fühlte und dieses Gespräch so schnell wie möglich beenden wollte.

Seitdem habe ich gelernt, Augenkontakt herzustellen und *wirklich* zuzuhören, was die Leute zu sagen haben. Dies gilt auch dann, wenn Sie im Mittelpunkt der Aufmerksamkeit stehen und sich auf der Bühne befinden. Wenn jemand eine Frage hat oder Feedback geben möchte, nehmen Sie sich einen Moment Zeit, um die Person sprechen zu lassen und ihre Sätze zu beenden. Unterbrechen Sie sie nicht – hören Sie einfach zu. Wenn Sie zeigen, dass Sie interessiert sind, wird diese Person auch an Ihnen interessiert sein.

Stärke - nicht die mit Muskeln

Kennen Sie Ihre Stärken? Wenn nicht, dann sollten Sie diese schleunigst herausfinden! Schließlich ist jeder Redner anders und hat unterschiedliche Stärken. Ich möchte, dass Sie herausfinden, wo Ihre Stärken liegen, damit Sie sie einsetzen und Ihre Präsentationsfähigkeiten verbessern können. Es geht nicht immer nur darum, wie Sie vor Publikum sprechen, sondern dies kann auch viele andere Dinge betreffen! Finden die Leute Sie lustig? Können Sie gut Geschichten erzählen? Haben Sie eine beruhigende Wirkung auf Menschen? Dies sind nur einige der Dinge, die Sie berücksichtigen können, bevor Sie Ihre Stärken aufschreiben. Schauen Sie sich Ihre Stärken an und überlegen Sie, wie Sie sie anwenden und damit Ihre Präsentation verbessern können.

Ihre Erfahrungen nutzen

Verwenden Sie keine Formulierungen wie „Sie könnten verstehen" oder „Wenn Ihnen das einmal passiert ist". Dadurch wird Ihr Publikum nicht vollständig in Ihre Präsentation einbezogen. Verwenden Sie stattdessen die Erfahrungen, die Sie in Ihrem eigenen Leben gemacht haben, als Beispiele. Dies kann sicherlich ein wenig einschüchternd sein. Ich bezweifle nicht, dass Sie sich zunächst ein wenig „nackt" fühlen werden, und das ist in Ordnung. Doch hier kommt etwas Lustiges: Jeder wird das nachvollziehen können. Und wollen Sie auch wissen, wieso das so ist? Wir alle sind Menschen. Wir haben vielleicht nicht genau die gleichen Lebenserfahrungen, doch die meisten von uns haben die gleichen Gefühle in Bezug auf unsere Lebensgeschichten. In jedem von dieser Lebenserfahrung steckt ein Teil von uns und auf diese Weise sind wir uns alle ähnlich. Nutzen Sie also Ihre persönlichen Geschichten und Sie werden sehen, dass sich das Publikum darin selbst erkennen wird.

Die Stille nicht fürchten

Wenn Sie sich einen Film ansehen, dann werden Sie feststellen, dass das gesamte Publikum schweigt. Wir sind frustriert, wenn jemand mitten in einer wichtigen Szene anfängt zu reden. Wenn Sie sprechen und die Menge schweigt, dann seien Sie nicht überfordert oder nervös. Das ist oft ein gutes Zeichen.

Als Redner werden Sie häufig auf diese Situationen stoßen. Der Raum ist möglicherweise so ruhig, dass Sie einen Bleistift fallen oder jemand ganz hinten husten hören können. Ich möchte, dass Sie die Stille annehmen. Vielleicht möchten Sie sogar innehalten und die Stille wirken lassen, wodurch eine Art überwältigende Spannung entsteht, bevor Sie wieder anfangen zu sprechen. Wenn Sie zeigen, dass Sie die Stille anerkennen, werden Sie feststellen, dass Sie selbstbewusster wirken. Normalerweise versuchen nervöse Redner, die Stille mit einem Lachen zu überbrücken oder mit ihrer Stimme zu füllen. Wenn Sie genau das Gegenteil tun, gewinnen Sie den Respekt der Personen im Raum, ohne dass sie es überhaupt bemerken.

Authentisch sein

Das Zuhören, das Wissen um Ihre Stärken sowie das Sprechen aus Erfahrung sind einige der vielen Möglichkeiten, um Ihre Führungsqualitäten hervorzuheben. Was haben all diese Dinge gemeinsam? Authentizität. Denken Sie kurz darüber nach. Sie sind es wert, vor einer Menschenmenge authentisch zu sein. *Sie* sind genug und ich weiß, dass die Leute hören wollen, was Sie zu sagen haben. Manchmal geht es jedoch nur darum, wie wir es sagen. Aus diesem Grund weiß ich, dass die Konzepte in diesem Buch Ihnen dabei helfen werden, Ihr wahres Ich zu zeigen und sich beim Sprechen vor Publikum wohl zu fühlen. Oft geht es darum, ehrlich in

Bezug auf uns selbst zu sein. Vielleicht haben wir deshalb Angst, vor einer Menschenmenge zu stehen, weil wir im Grunde genommen eigentlich allein sind. Lassen Sie mich Ihnen Folgendes sagen: Das ist nicht immer eine schlechte Sache.

In den berühmtesten Reden, die jemals geschrieben wurden, ging es nicht immer um die Worte, so bewegend sie auch sein mögen. Wir erinnern uns normalerweise daran, *wie* eine Rede gehalten wurde. Es war die Art und Weise, wie Martin Luther King Jr. sagte „Ich habe einen Traum", die die Menschen dazu brachte, zu klatschen. Die Art und Weise, wie er sprach, war seinem authentischen Selbst treu. Wenn wir einer Rede zuhören, die uns langweilt, dann liegt das nicht immer daran, dass der Redner nervös ist. Manchmal liegt es daran, dass er hasst, was er tut. Er hat keine Kontrolle über seine Rede. Er will überhaupt nicht dort sein, also wollen Sie auch nicht dort sein. Wenn Sie einer dieser Menschen sind, dann versuchen Sie, etwas Interessantes an Ihrem Thema zu finden (insbesondere wenn Sie bei der Arbeit eine Präsentation halten müssen). Dann werden Sie leidenschaftlich sein. Wenn Sie authentisch sind, werden andere Menschen das spüren.

Dies ist eine wichtige Führungsqualität, da Authentizität Menschen dazu bringt, in Ihrer Nähe sein zu wollen. Wenn Sie damit beginnen, authentisch zu sein und Ihre Meinung auf eine Weise zu äußern, die auf Verständnis basiert, dann ist es kaum möglich, das in Frage zu stellen, was Sie gesagt haben. Ich bin seit über einem Jahrzehnt in dieser Branche tätig und die Authentizität ist eines dieser Attribute, die den Kern der meisten Top-Redner ausmachen. Ich weiß jedoch, wie schwierig es ist, dies zu schaffen. Manchmal kann es sogar unmöglich erscheinen. Ich werde Ihnen sagen, warum dies nicht so ist und warum Ihr authentisches Selbst wichtig ist!

Ihre authentische Stimme finden

Ich weiß, dass die Angst besteht, dass es aussehen könnte, als würden Sie von einem Blatt ablesen. Wir haben alle solche Präsentationen mit Hinweiskarten gesehen, bei denen der Redner die

Karten in seinen Händen sortiert und nicht weiß, was er als Nächstes sagen soll. Solche Karten signalisieren Ihrem Publikum nicht, dass Sie da sind, um es zu begeistern. Deshalb ist Authentizität so wichtig. Sie wollen sicherlich nicht Ihre Glaubwürdigkeit in den Augen Ihrer Zuhörer verlieren, die gekommen sind, um sich Ihre Präsentation anzusehen.

Warum ist Ihnen Ihre Kernbotschaft so wichtig? Denken Sie genau nach. Warum liegt sie Ihnen am Herzen? Sie präsentieren vielleicht einem Kunden nur ein Produkt oder halten eine Hochzeitsrede, aber das spielt keine Rolle. Sie haben die Aufgabe erhalten, vor einer Menschenmenge zu sprechen. Sie müssen eine Beziehung zu der Aussage aufbauen, die Sie machen, und diese auf sich selbst anwenden. Im Wesentlichen geht es nicht immer darum, worüber Sie vor Publikum sprechen, sondern es geht darum, was diese Botschaft für Sie bedeutet. Wenn Sie die Botschaft auf sich selbst beziehen, können Sie sie auch auf Ihr Publikum beziehen. Wenn Sie dies so betrachten, werden Ihre Worte zu Ihrer Wahrheit.

Aber wie bestimmen Sie das? Sie müssen wissen, wer Sie sind. Damit meine ich nicht nur Ihre Lebensgeschichte, sondern dies geht noch viel tiefer. Wo sehen Sie sich in dieser Welt? Wenn Sie damit beginnen, diese Art von Fragen zu beantworten, können Sie Ihre Identität finden. Sie können dann einzigartige Dinge mit Ihren Leidenschaften in Verbindung setzen.

Sie sollten jedoch nicht lügen oder sich selbst widersprechen. Die Leute können erkennen, wenn Sie lügen. Es ist so, als würden Sie eine Umkleidekabine verlassen, zum Verkäufer schauen und ihn fragen, ob das Kleidungsstück gut an Ihnen aussieht. Wenn er mit einer Lüge antwortet, dann werden Sie das Kleidungsstück nicht kaufen. Und genauso verhält es sich auch, wenn Sie vor einer Menschenmenge stehen und nicht authentisch sind. Das merkt man. Binden Sie sich also selbst in die Präsentation ein. Sie werden von der Reaktion des Publikums überrascht sein.

Authentizität praktizieren

Es besteht kein Zweifel daran, dass das Üben vor einem Vortrag von entscheidender Bedeutung ist, um eine gute Rede halten zu können. Sie möchten jedoch nicht, dass Ihr Vortrag übermäßig einstudiert klingt. Eine Möglichkeit, um dies zu vermeiden, besteht darin, sich zu Gesten zu zwingen, mit denen Sie sich unwohl fühlen. Sie sollten Augenkontakt mit Ihrem Publikum halten – aber wirken Sie dabei *nicht unheimlich*! Sie sollten keinen Starrwettbewerb mit der Person in der ersten Reihe austragen, nur weil Sie versuchen, Ihre Körpersprache miteinzubeziehen. Seien Sie sich dessen *bewusst*, was Ihr Körper tut, aber seien Sie dabei nicht zu energisch. Jeder im Raum wird bemerken, wenn Sie es übertreiben.

Sie fragen sich wahrscheinlich, *wie werde ich denn dann authentisch*? Wir haben in diesem Buch bereits über das Thema Körpersprache gesprochen. Es handelt sich hierbei um eine subtile Art der Kommunikation mit Ihrem Publikum und die Bedeutung der Körpersprache für Ihre Präsentation kann nicht genug betont werden. Wenn Sie Ihrer Präsentation oder Ihrer Rede Authentizität verleihen möchten, sollten Sie unter Berücksichtigung eines Publikums üben. Wenn Sie Ihre Gesten zu oft üben, wirken Sie womöglich wie ein Roboter.

Es gibt einige Regeln, die Sie anwenden können, um perfekt zu üben und gleichzeitig Ihre Authentizität zu bewahren. Sie sollten zuhören, an dem Thema, das Sie präsentieren, interessiert sein und dem Publikum immer mit einer offenen Körperhaltung gegenüberstehen. Wenn Sie dies tun, besteht eine höhere Wahrscheinlichkeit, dass Sie Erfolg haben. Mit diesen drei Regeln können Sie Ihre Gesten proben und üben. Wenn Sie sich nicht sicher sind, können Sie gerne einen Spiegel verwenden.

Vielfalt und Abwechslung

In Ordnung, Sie haben also ein langweiliges Thema. Sie haben dieses Buch bis hierher gelesen, starren nun auf die Seiten und denken sich: „Was ist, wenn ich einen Staubsauger an einen Multimillionär verkaufen muss?" Nun, das klingt nicht sehr lustig – besonders wenn es nicht Ihr Staubsauger ist. Ich bin mir sicher, dass eine Präsentation zum Thema Staubsaugen nicht der beste Weg ist, um Ihren Tag zu beginnen, aber Sie müssen es schaffen. Und ich weiß, dass Sie es schaffen! Dazu bringen Sie ein wenig Abwechslung hinein und peppen Ihre Präsentation auf, damit Sie und alle anderem im Raum nicht einschlafen.

Unterhaltsame Auflockerungen

Sie haben also ein langweiliges Thema. Das bedeutet jedoch nicht, dass Sie ein langweiliger Redner sind! Sie verzweifeln vielleicht fast, weil Sie das Thema hassen, das Sie präsentieren müssen. Es geht jedoch darum, einen anderen Blickwinkel zu nutzen, um Ihr Thema unterhaltsamer zu gestalten. Hören Sie also auf, auf einen leeren Bildschirm und eine langweilige Präsentation zu starren. Wir werden das zusammen hinbekommen.

Sie können Ihr Thema aus strategischer Sicht betrachten. Welchen Blickwinkel nehme ich, um dieses Thema interessant zu machen? Viele Menschen betrachten ein Thema aus mehreren Blickwinkeln, um einen Aspekt zu finden, den sie unterhaltsam gestalten können.

Störungen einbauen

Ich spreche definitiv nicht davon, plötzlich während der Präsentation auf- und abzuspringen oder zu jonglieren. Das ist nicht gemeint. Wir denken meistens, dass Störungen schlecht sind, doch Störungen können tatsächlich die Aufmerksamkeit Ihres Publikums wieder herstellen, wenn es beginnt, das Interesse zu verlieren. Es geht im Wesentlichen darum, alle im Raum zu überraschen.

Dadurch werden nicht nur wieder alle Blicke auf Sie gerichtet, sondern sie bleiben auch dort.

Dies funktioniert am besten, wenn Sie eine langweilige Präsentation haben, da eine Störung die Aufmerksamkeit der Menge wiederherstellt. Es geht darum, den Fluss Ihrer Worte mit etwas Unterhaltsamem zu unterbrechen. An einem Punkt der Präsentation können Sie anhalten und das Publikum mit etwas Neuem überraschen – sei es eine Umfrage, eine Grafik, ein Zitat oder sogar ein Video.

Achten Sie jedoch darauf, dass diese Unterbrechung für Ihr Thema relevant ist. Wenn Sie feststellen, dass das möglicherweise trockene Material Ihr Publikum langweilt, können Sie es einen spontanen Kurzfragebogen ausfüllen lassen. Eine solche Aktion holt Ihre Teilnehmer zurück und integriert sie wieder in Ihren Vortrag. Denken Sie daran: Sie möchten, dass Ihre Präsentation „fließt". Bauen Sie eine passende Störung ein, um danach wieder mit Ihrem Thema fortzufahren.

Aktualität und Relevanz

Eine gute Möglichkeit, um Ihr Publikum einzubeziehen, besteht darin, die Trends in den sozialen Medien zu überprüfen. Sie können Ihrem Thema Relevanz verleihen, indem Sie es auf etwas beziehen, das gerade in der Welt geschieht. Informieren Sie sich über beliebte Trends in der Welt und passen Sie einen Teil Ihrer Präsentation daran an. Sie können sogar eine Debatte initiieren, bei der Sie Ihr Thema mit etwas Relevantem vergleichen, das gerade passiert. Dies wird nicht nur die Aufmerksamkeit des Publikums erregen, sondern sie unter Umständen sogar aufregen. Stellen Sie nur sicher, dass Sie etwas verwenden, das in irgendeiner Weise mit dem Inhalt Ihrer Präsentation zusammenhängt. Ich empfehle auch, einen solchen Trend vorsichtig auszuwählen, da Sie Ihr Publikum nicht verärgern wollen, weil Sie sich für etwas Kontroverses entschieden haben.

Metaphern

Wenn Sie ein trockenes Thema haben, das möglicherweise schwer zu verstehen ist, können Sie während Ihrer Präsentation immer wieder Metaphern verwenden, um es interessanter zu gestalten und alle Teilnehmer zum Nachdenken zu bewegen. Wenn Sie eine Metapher verwenden, stellen Sie eine rhetorische Frage, die das Publikum geistig beantworten kann. Ihr Publikum soll diese Frage nicht Ihnen beantworten, sondern sich selbst. Sie können Ihr Publikum beispielsweise fragen, wofür es sich entscheiden würde, wenn zwei Dinge zur Auswahl stünden. Auf diese Weise müssen sich Ihre Zuhörer das Thema selbst erschließen.

Antworten parat haben

Eine Sache, die Sie an Menschen bemerken werden, die andere auf natürliche Art und Weise anziehen, ist die, dass solche Personen nie Angst davor haben zu sagen, was sie denken. Wenn Sie auf der Bühne stehen, kann sich dies als schwierig herausstellen, da Sie stunden-, wenn nicht sogar tagelang geprobt haben.

Wenn Sie sich dazu entschieden haben, Ihre Rede oder Präsentation mit einer Fragerunde zu beenden, dann kann es passieren, dass Ihre Zuhörer Fragen stellen, auf die Sie nicht vorbereitet sind. Ich bin sicher, dass Sie schon einmal mit einer Person gesprochen haben, die eine Frage von Ihnen mit nur einem Wort beantwortet hat. Wann immer dies passiert, kommen Sie nicht umhin zu denken, dass hier wenig Substanz dahintersteckt. Wenn Sie sich dazu entschieden haben, mit einer Fragerunde zu enden, erstellen Sie eine Liste mit Antworten, die Sie verwenden können.

Stellen Sie bei der Auswahl Ihrer Antworten sicher, dass diese detailliert und genau sind. Recherchieren Sie eingehend oder fügen Sie einige Anekdoten aus Ihrem eigenen Leben hinzu, wenn Sie sich nicht sicher sind. Wenn Sie echte und authentische Antworten geben, wirken diese für andere Personen natürlicher. Dies ist ein erstaunlicher Trick, der oftmals übersehen wird. Die meisten Menschen erwarten keine übermäßig tiefgründigen Antworten. Auf diese Weise hinterlassen Sie nicht nur einen guten Eindruck bei Ihrem Publikum, sondern Ihre Teilnehmer werden diesen sogar noch mitnehmen, wenn sie den Veranstaltungsort oder Sitzungssaal verlassen.

Das gewisse Etwas kommt von innen

Ich kann mir vorstellen, dass Sie sich zunächst wie ein Betrüger fühlen werden, wenn Sie versuchen, Ihre Zuhörer dazu zu bringen, Sie zu mögen. Schon bald werden Sie jedoch Veränderungen in Ihrer eigenen Einstellung und Persönlichkeit bemerken.

Ihre Anziehungskraft kommt von innen. Dies ist das „gewisse Etwas". Es geht nicht um Ihr Äußeres, denn so attraktiv Sie auch sein mögen, Sie müssen an Ihrem Inneren arbeiten. Wenn Sie die attraktivste Person der Welt sind, aber keine liebenswürdigen Eigenschaften haben, dann werden Sie feststellen, dass die Menschen genauso schnell wieder aus Ihrem Leben verschwinden, wie sie es betreten haben. Beim gewissen Etwas geht es darum, authentisch zu sein, Rücksicht auf andere zu nehmen, Ihre Worte sorgfältig zu wählen und sich selbst beherrschen zu können. Dies sind nicht nur unglaubliche Führungsqualitäten, sondern auch Eigenschaften, von denen die Welt mehr braucht.

Diese Verhaltensweisen führen dazu, dass Sie das gewisse Etwas bekommen und sogar die schlechtesten Präsentationen noch retten können. Das soll nicht heißen, dass Sie sich einfach nur auf eine Bühne zu stellen brauchen und das Publikum an Ihren Lippen hängen wird, doch Ihre Fähigkeit, eine Beziehung zu Ihrem Publikum aufzubauen, wird gestärkt. Ich weiß, dass dies ein wenig Übung erfordert. Ich habe jedoch keinen Zweifel daran, dass Sie Ihr wahres Ich sein können und anderen Menschen die wundervollen Aspekte zeigen können, die Sie ausmachen.

Der Schauspieler, der trotz seiner Ängste zum Star wurde – Profil Harrison Ford

Sie kennen ihn als Han Solo und Indiana Jones. Dieser unglaubliche Schauspieler ist seit über 30 Jahren eine Berühmtheit. Man könnte also meinen, dass er sich daran gewöhnt hat, vor Fremden zu sprechen. Seine Aufgabe besteht darin, vor Dutzenden von Menschen aufzutreten – Action-Szenen eingeschlossen. Wie kann jemand wie er Angst davor haben, vor Publikum zu sprechen?

Trotz seiner unglaublichen Leinwand-Karriere gab Harrison Ford zu, dass ihn das Sprechen vor Publikum mit „Nervosität und Angst" erfüllt. Als er den Life-Achievement-Award des American Film Institute erhielt, verriet Harrison, dass ihm seine Rede Schwierigkeiten bereitete.

Er sprach mit Journalisten und sagte: „Die größte Angst in meinem Leben ist das Sprechen vor Publikum." Was hat er also getan? Er betrat die Bühne trotzdem. Trotz seiner Befürchtungen betrat Harrison die Bühne, hielt seine Rede und nahm seine Auszeichnung entgegen. Das Einzige, was Sie tun können, ist, trotz Ihrer Ängste einfach trotzdem die Bühne zu betreten. Und wenn der Grund dafür ist, eine Auszeichnung zu erhalten, ist das Gefühl nur noch schöner.

KAPITEL 8:

Selbstsabotagen vermeiden

Es gibt etwas Gutes, was Fehler betrifft: Sie können daraus lernen! Aber was wäre, wenn Sie bereits wüssten, welche Fehler Sie nicht machen sollten? Dann können Sie sie vermeiden. Es geht nicht darum, seine Angst zu vermeiden, sondern es geht darum, vorbereitet zu sein. Um vorbereitet zu sein, müssen Sie wissen, was Sie nicht tun und was Sie nicht in Ihre Präsentationen aufnehmen sollten. Ich möchte, dass Sie bei jeder Rede, die Sie vor Publikum halten, Erfolg haben, insbesondere indem Sie die Fehler vermeiden, die ich und viele andere zuvor begangen haben.

Alles über das Publikum

Wenn Sie kein Publikum hätten, würden Sie vor einem leeren Raum sprechen. Bedenken Sie dies, wenn Sie eine Präsentation halten. Nur durch Ihre Zuhörer präsentieren Sie vor Publikum. Ohne Ihre Teilnehmer haben Sie niemanden, an den Sie Ihre Informationen weitergeben können. Verärgern oder verlieren Sie Ihr Publikum also nicht und beziehen Sie es in Ihre Präsentation ein. Ich möchte, dass Sie Ihr Publikum während Ihres Vortrags für sich gewinnen. Vermeiden Sie aus diesem Grund die Fehler, die bei Präsentationen vor Publikum Angst verursachen können.

Informationsüberflutung

Ich kann mich noch gut an meine Anfangszeiten erinnern. Ich wollte dem Publikum beweisen, wie viel ich über das Thema Selbstvertrauen wusste. Ich stand also auf der Bühne, das Licht der Scheinwerfer strahlte mir ins Gesicht und im Publikum war kein Mucks zu hören. Ich überzog zehn Minuten meiner eigentlichen

Redezeit. Ich hatte sieben Hauptpunkte in jeweils drei Unterbereiche heruntergebrochen. Ich referierte über die Themen Körpersprache und Stimme und zitierte alle Studien. Zudem enthielt meine Präsentation eine Menge Diagramme. Können Sie erraten, was geschah? Einige Zuhörer verließen den Saal und ich sah, wie zwei aus dem Publikum einschliefen. Ich lernte in diesem Moment, dass ich meine Kernbotschaft verloren hatte, obwohl ich gut vorbereitet war.

Wenn Sie zu viel Zeit mit Informationen und zu wenig Zeit mit der Botschaft verbringen, dann verlieren Sie Ihr Publikum. Ich wollte alles ganz genau erklären. Sie sollten die Dinge jedoch so einfach wie möglich halten. Sie sollten die Aufmerksamkeit des Publikums zu jedem Zeitpunkt Ihrer Präsentation haben. Ich kann mich noch gut an gewisse Lehrer erinnern, die ohne Punkt und Komma über ein bestimmtes Thema sprachen, und schließlich reichten wir uns Zettelchen herum, weil wir nicht mehr aufpassten. Das passiert, wenn Sie schwafeln.

Halten Sie Ihren Vortrag also so minimalistisch wie möglich, außer wenn die Informationen relevant sind. Ihre Kreisdiagramme zeigen nur, wie sehr Sie sich auf das jeweilige Thema vorbereitet haben. Wenn Sie zu viele Kreisdiagramme haben, dann überfordern Sie Ihre Zuhörer mit zu vielen unnötigen Informationen. Die Zeit Ihrer Zuhörer ist genauso wertvoll wie Ihre. Erzählen Sie ihnen also, was sie wissen müssen und nicht mehr.

Keine Vermutungen anstellen

Nun, wir alle wissen, was wir von Stereotypen zu halten haben. Es wäre untertrieben zu sagen, dass Stereotypen schrecklich sind. Stellen Sie also *keinerlei Vermutungen* über Ihr Publikum an. Hat Ihr Publikum bestimmte politische Ansichten? Eine Lieblingsfarbe? Versuchen Sie herauszufinden, ob alle reich sind? Tun Sie es nicht. Machen Sie das Gegenteil und *tun Sie es einfach nicht.* Wenn Sie etwas über Ihr Publikum annehmen, kann dies dazu führen, dass Ihre Präsentation obsolet wird.

Wenn Sie einen Raum betreten und davon ausgehen, dass jeder ein Fan der Popgruppe „Nickelback" ist, werden Sie einen schlechten Tag haben. Es gibt Möglichkeiten, um diese Dinge über Ihr Publikum herauszufinden. „Look at this Photograph" in voller Lautstärke zu Beginn und am Ende Ihrer Präsentation oder Rede abzuspielen, ist vielleicht nicht Ihr bester Schachzug, egal wie sehr Sie den Song mögen.

Unwissenheit ist kein Segen

Haben Sie eine Leidenschaft für Ihr Thema? Wenn Sie mit Ja geantwortet haben, dann gilt das nur für Sie. Ich weiß, dass wir manchmal so begeistert von unserem Thema sind, dass wir stundenlang weitermachen könnten. Wir möchten, dass jeder weiß, wie großartig unser Thema ist! Doch wie alles im Leben gibt es einen Haken. Es gibt da auch noch Ihr Publikum. Vielleicht kennt sich Ihr Publikum mit Ihrem Thema nicht aus. Aus diesem Grund liegt es an Ihnen, es Ihren Zuhörern zu erklären. Einfach mit Ihrem Thema fortzufahren wird ihnen nicht helfen, sondern langweilen.

Sie sollten Ihre Zuhörer immer wissen lassen, was sie erwartet, bevor Sie beginnen. Auf diese Weise können sie Sie besser verstehen. Fragen des Publikums am Ende der Präsentation zu beantworten, ist ebenfalls eine gute Idee, da Sie Ihren Zuhörern auf diese Weise weitere Informationen geben können. Sie wollen erreichen, dass sich Ihre Zuhörerschaft auf die Präsentation konzentrieren kann, ohne dabei den Faden zu verlieren. Also ignorieren Sie Ihr Publikum nicht! Denken Sie immer an Ihre Zuhörer, während Sie Ihr Vortragsthema erklären.

Etwas zu stark anpreisen

Sie halten also eine Präsentation, die eher ein Verkaufsgespräch ist. Damit kann ich leben. Wissen Sie, was der größte Fehler ist, wenn Sie versuchen, ein Produkt in einer Besprechung zu verkaufen? Lesen Sie nochmals den Titel dieses Abschnitts. Zu stark anpreisen. Wir alle wissen, dass ein Verkäufer entweder super charismatisch ist oder wie diese schmuddelige Person in Cartoons versucht, kaputte Produkte zu verkaufen. Ich glaube nicht, dass es beide Verkäufertypen im wirklichen Leben gibt – es sind nur Stereotypen.

Doch abgesehen davon passiert es leicht, dass aufgrund dieser Stereotypen Kunden einen solchen ersten Eindruck bekommen. Nichts kann einen Kunden mehr davon abhalten, Ihr Produkt zu kaufen oder darin zu investieren, als wenn Sie es zu stark anpreisen. Ich weiß, das klingt trivial, aber ich bin sicher, dass Sie sich nun fragen, wie Sie das anstellen sollen. Nun, es gibt ein paar Dinge, die Sie tun können.

Verwenden Sie offene Fragen. Anstatt beispielsweise zu sagen „Was meinen Sie damit, Ihr Unternehmen kann sich dieses Produkt nicht leisten?", sollten Sie fragen „Welchen Preis würden Sie für dieses oder jenes zahlen?". Versuchen Sie nicht, Ihren Kunden zu unterbrechen, indem Sie verärgert erscheinen, wenn er sich ein Produkt nicht leisten kann oder den Preis in Frage stellt. Versuchen Sie, ihn mit Argumenten zu überzeugen, dass sich der Preis lohnt, anstatt ihn zum Kauf zu zwingen.

Dies geht einher mit Empathie. Seien Sie beim Präsentieren einfühlsam. Sie müssen die Dinge herausfinden, warum sich Ihr Kunde für das Produkt interessiert. Je nach Produkt besteht möglicherweise ein Bedarf, den nur Ihr Produkt erfüllen kann. Sie können jederzeit über persönliche Erfahrungen mit Ihrem Kunden sprechen und ihm Fragen stellen, warum er der Meinung ist, dass sein aktuelles Produkt nicht das richtige für ihn ist.

Ein Produkt zu stark anzupreisen ist gefährlich, wenn es um Verkäufe geht. Wenn Sie Ihren Kunden jedoch aufrichtig verstehen wollen und offen für Fragen sind, die Ihr Kunde möglicherweise hat, werden Sie feststellen, dass Sie auf natürliche Weise eine charismatischere Präsentation halten.

Humor – aber richtig

Es ist eine neue Welt da draußen. Humor ist nicht das, was er vor Jahren war, da wir uns durch das Internet verändern. Unsere Gesellschaft ist sich des provokanten Humors stärker bewusst geworden und dieser ist mit Sicherheit nicht mehr so banal wie er einmal war. Gleichzeitig ist Humor auch objektiv und nicht jeder lacht über die gleichen Witze. Aber das ist kein Problem. Es ist in Ordnung. Manchmal hängt unser Humor von unseren eigenen Lebenserfahrungen ab oder davon, wie wir aufgewachsen sind. Dies bedeutet nicht, dass eine Präsentation anstößiges Material enthalten sollte. Die Witze, die früher in Ordnung waren, sind keine Repräsentationen der Sprache mehr, die wir heute verwenden. Sie müssen sich Gedanken darüber machen, wie sich Ihr Humor auf Ihr Publikum auswirkt und dabei alle Lebensbereiche berücksichtigen. Krasser Humor wird nicht mehr geschätzt, sondern ist einfach nur beleidigend.

Wenn Sie es richtig machen, ist Humor eine fantastische Möglichkeit, um Ihr Publikum in den Bann zu ziehen und sicherzustellen, dass es lacht und sich amüsiert. Es gibt beim Thema Humor jedoch einen schmalen Grat. Manchmal ist es zu viel des Guten. Ein wenig Humor in Präsentationen ist ein hervorragendes Werkzeug, um Ihr Publikum zu entspannen, eine Beziehung zu Ihren Zuhörern aufzubauen und Ihre Präsentation zu verbessern. Schlechte Witze sind jedoch immer schlechte Witze. Und jemand, der über seine eigenen schlechten Witze lacht, ist noch unangenehmer anzusehen. Vermeiden Sie stets Witze über Politik oder Religion oder irgendetwas anderes, das sexistisch oder rassistisch ist.

Suchen Sie stattdessen nach humorvollen Geschichten in Ihrem eigenen Leben, die Sie erzählen können, besonders wenn der Witz auf Ihre Kosten geht. Selbstironischer Humor kann sehr lustig und liebenswert sein. Wenn Menschen entspannt sind, nehmen sie Informationen effektiver auf, sodass es während Ihrer Präsentation sehr nützlich sein kann, Ihre Zuhörer zum Lächeln und Lachen zu bringen. Lassen Sie einfach die schlechten Witze und das kontroverse Material weg.

Das Ego vermeiden

Ich glaube, dass Stolz eine Tugend ist – und wenn Sie es geschafft haben, an den Punkt zu gelangen, an dem Sie jetzt sind, sehe ich keinen Grund, warum Sie nicht stolz auf sich sein sollten. Davon abgesehen ist die Grenze zwischen Ego und Stolz sehr fein und wird meist dann virulent, wenn wir von anderen Menschen umgeben sind.

Wenn Sie vor mehreren Menschen sprechen, kann es leicht passieren, dass Sie ein wenig übermütig werden, besonders wenn Sie ein Profi in Ihrem Bereich sind. Sie kennen die neuesten Informationen, weil Sie das Thema monatelang, wenn nicht sogar jahrelang recherchiert haben. Vielleicht haben Sie sogar Ihr ganzes Leben diesem Thema gewidmet. Warum sollten die Leute nicht auf Sie hören müssen? Sie haben die Informationen und geben sie im Grunde genommen weiter.

Diese Ansicht kann Ihnen sehr viel Selbstvertrauen geben, das die Menschen schätzen werden. Sie müssen jedoch auf Ihren Ton achten, wenn Sie die Informationen abliefern. Wenn Sie Ihrem Ego erlauben, die Kontrolle über Ihre Einstellung und Ihre Handlungen zu übernehmen, werden Sie ein Publikum bekommen, das sich nicht mehr wohl in Ihrer Nähe fühlt. Ihr Publikum wird das Gefühl bekommen, belehrt zu werden. Sie werden die Beziehung zu Ihren Zuhörern verlieren, weil sie das Gefühl haben, dass ihre Meinungen oder Gedanken keine Rolle spielen. Es scheint, als ob Ihr Geist mit Ihrer eigenen Herrlichkeit beschäftigt ist, anstatt Ihr Publikum zu stimulieren.

Dies gilt auch, wenn Sie eine schwierige Person im Publikum haben. Geben Sie der Stimmung dieser Person nicht nach und reflektieren Sie die Stimmung dieser Person nicht zurück auf sie. Wenn Ihnen jemand unangebrachte Fragen stellt, versuchen Sie einfach, diese so gut wie möglich zu beantworten. Lassen Sie sich nicht davon abhalten, Ihre Präsentation fortzusetzen. Das Publikum wird es zutiefst respektieren.

Alles über die Präsentation

Es besteht kein Zweifel, dass wir Routinen haben, die wir bei der Präsentation ausführen. Schließlich ist es immer einfacher, etwas zu tun, was wir schon immer getan haben, als es zu ändern. Manchmal können Fehler, die wir machen, unsere Präsentation beeinträchtigen. Wir wissen vielleicht nicht einmal, dass wir es gerade vermasseln! Niemand weist uns darauf hin, also machen wir weiterhin die gleichen Fehler. Machen Sie sich keine Sorgen, wenn Sie solche Fehler machen, und versuchen Sie einfach, sie im Laufe der Zeit zu verbessern. Wenn Sie wissen, dass Sie diese Fehler machen, können Sie daran arbeiten.

Füllwörter vermeiden

Vielleicht denken Sie, dass Füllwörter Informationen enthalten. Was meine ich mit Füllwörtern? Ähm, wissen Sie, ich meine, das ist wirklich schwer zu sagen. Haben Sie etwas an diesem Satz bemerkt? Das sind die Füllwörter, auf die ich mich beziehe. Es handelt sich hierbei um Wörter, die wir als Hilfsmittel verwenden, wenn wir nichts Intelligentes zu sagen haben oder wenn wir einen Teil unserer Präsentation vergessen haben. Leider bringen diese Füllwörter Ihr Publikum dazu, sich zu fragen, wie professionell Sie sind. Vermeiden Sie diese Wörter. Wenn Sie das Gefühl haben, dass Sie gleich eines dieser Füllwörter sagen wollen, dann können Sie jederzeit eine Pause zwischen Ihren Sätzen einlegen. Achten Sie jedoch darauf, dass diese Pausen nicht zu lang sind!

Ist das eine Frage?

Haben Sie schon einmal eine Person sprechen gehört, bei der alles, was sie sagt, wie eine Frage klingt? Dies kann passieren, wenn wir versuchen, die Aufmerksamkeit einer anderen Person zu erregen. Leider ist das der falsche Weg. Man muss normalerweise nach einer Frage nachdenken, und wenn alles, was Sie sagen, wie eine Frage klingt, vermittelt dies dem Publikum einen falschen Eindruck. Benutzen Sie Fragen also selten und verwenden Sie sie nur für besondere Momente.

Der lustige Typ

Okay, Humor ist großartig. Ich liebe Humor genauso wie Sie, da dieser dazu beitragen kann, Ihr Publikum zu unterhalten. Es gibt nichts Schöneres, als alle im Raum zum Lachen zu bringen. Das ist ein tolles Gefühl! Humor kann auch hilfreich sein, wenn Sie über ein ernstes Thema sprechen, das Negativität im Raum verursachen kann. Humor ist ein wunderbares Werkzeug, mit dem sich alle wohl fühlen.

Also, was ist schlecht an ein bisschen Humor? Nichts. Humor ist nur dann schlecht, wenn Sie zu viel davon verwenden. Sie müssen sich daran erinnern, dass eine Präsentation vor Publikum etwas anderes ist als eine Comedyshow. Sie stehen nicht auf der Bühne, um ständig Witze zu reißen wie in einem Comedy-Club. Hier geht es darum, eine Rede oder Präsentation zu halten, die das Publikum begeistert. Sie sollten Ihren Humor nutzen, um die Stimmung aufzuhellen. Aber wenn Sie zu viel Humor verwenden, wird Ihr Publikum Sie möglicherweise nicht ernst nehmen und Ihre Präsentation wird völlig falsch in Erinnerung bleiben.

Übung macht den Meister

Vermutlich haben Sie bereits gemerkt, dass die meisten Redner ihre Präsentation nicht vergeigen. Ich weiß, dass ich mich am Anfang nie wirklich vorbereitet habe. Und was war das Ergebnis? Ich habe improvisiert. Nur Personen, die unvorbereitet sind, improvisieren. Üben Sie so viel wie nötig, damit Ihre Präsentation so gut wie möglich wird. Einige Leute müssen ein Dutzend Mal üben, andere sogar noch öfter. Sobald Sie genug geübt haben, um sich wohl zu fühlen, können Sie die Bühne betreten. Ich kann Ihnen jedoch sagen, dass Sie das Bedürfnis verspüren werden, nicht mehr zu üben, je besser Sie bei Präsentationen vor Publikum werden. Machen Sie das nicht! Üben Sie jeden Vortrag, da es ansonsten passieren kann, dass Sie den Faden verlieren.

Richtiges Timing ist alles

Sie haben also geübt. Haben Sie einen kleinen Fehler gemacht und während Ihrer Präsentation etwas vergessen? Ich weiß, dass ich das zu Beginn meiner Karriere oft getan habe. Es gibt einen Trick, der beim Sprechen vor Publikum von entscheidender Bedeutung ist – die Zeit! Messen Sie jedes Mal die Zeit, wenn Sie Ihren Vortrag üben. Es sollte nicht so sein, dass Sie noch die Hälfte Ihrer zugewiesenen Redezeit übrig haben und nur noch zwei Folien haben. Sie sollten vorbereitet sein und Ihre Redezeit mit Informationen füllen, die für das Publikum wichtig sind, und nicht mit Füllmaterial, das es langweilt.

Wenn Sie wissen, dass Sie Ihr Publikum einbinden werden, dann planen Sie hierfür etwas Zeit ein. Planen Sie etwa ein Drittel Ihrer Präsentation für Fragen ein, falls diese für die Präsentation erforderlich sind. Andernfalls planen Sie nur gegen Ende Ihres Vortrags einige Minuten Zeit für die Teilnahme des Publikums ein und belassen es dabei. Wenn alle Fragen gestellt wurden, sprechen Sie Ihre abschließenden Worte. Sie sollten sicherstellen, dass Sie erst dann von der Bühne gehen, nachdem die letzte Person ihre Frage gestellt hat. Haben Sie immer abschließende Worte parat, damit alle im Raum wissen, dass Sie fertig sind. Sie wollen schließlich nicht, dass Ihre Zuhörer nicht wissen, wann Ihr Vortrag zu Ende ist.

Houston, wir haben technische Probleme

Wir haben es alle schon einmal erlebt: Sie richten Ihre Präsentation ein, doch wenn Sie sich umdrehen, funktioniert der Projektor nicht und der Bildschirm ist schwarz. Technische Schwierigkeiten sind frustrierend und machen den Beginn einer Präsentation kompliziert. Sie können nicht immer verhindern, dass technische Probleme auftreten, da dies möglicherweise nicht

Ihre Schuld ist. Manchmal liegt es am Veranstaltungsort, an der Internetverbindung oder sogar an der Beleuchtung. Einige Dinge liegen nicht in Ihren Händen. Es gibt jedoch Möglichkeiten, um einige dieser Probleme zu vermeiden.

Wenn Sie noch nie zuvor an diesem Veranstaltungsort präsentiert haben, erscheinen Sie frühzeitig, damit Sie alles einrichten können. Wenn Sie nicht frühzeitig erscheinen können, fragen Sie unbedingt Ihre Vorredner, ob diese technische Probleme hatten. Auf diese Weise können Sie diesen nachgehen und sie beheben. Sie können ausprobieren, Ihren Computer an verschiedene Ausgänge anzuschließen, oder einen Freund mitbringen, der sich mit Präsentationstechnologie gut auskennt.

Solange Sie in diesen Situationen die Kontrolle übernehmen anstatt überrascht dazustehen, verlieren Sie nicht Ihre Anziehungskraft auf das Publikum. Ja, es wird frustrierend sein. Ja, Sie können nicht immer alles kontrollieren. Aber Sie können steuern, wie Sie reagieren und was Sie während der Zeit tun, in der Sie darauf warten, dass die Situation behoben wird.

Der Lügner

Ich verstehe, dass Sie möglicherweise verzweifelt werden, wenn Sie etwas dringend verkaufen müssen. Sie sollten sich davon jedoch nicht überwältigen lassen, denn wenn Ihr Kunde es herausfindet, verlieren Sie möglicherweise nicht nur ihn, sondern auch noch viel mehr. Sie sollten niemals in Bezug auf Ihre Fakten lügen. Verwenden Sie immer geeignete Quellen.

Erhöhen Sie nicht die Anzahl Ihrer Verkäufe und erfinden Sie keine Details. Diese Änderungen, die Ihnen winzig erscheinen könnten, könnten für jemanden, der sich bei diesem Thema wirklich auskennt, ein Warnsignal sein. Es spielt keine Rolle, ob Sie vor Ihrer Klasse oder vor einem Kunden stehen. Ihre Fakten müssen stimmen. Sie sollten die Informationen bereits auswendig kennen und wissen, woher Sie sie haben. Wikipedia ist dabei nicht immer die beste Ressource.

Bereiten Sie sich auf den Fall vor, dass Leute Ihre Forschung oder Ihre Zahlen in Frage stellen. Sagen Sie ihnen genau, woher Ihre Informationen stammen. Dies ist einfach, wenn Sie sich richtig vorbereitet haben. Also lügen Sie nicht. Am Ende belügen Sie sich nur selbst und Sie werden sich während der Präsentation unwohl fühlen.

Fehler loslassen

Manchmal können Sie nicht kontrollieren, was passiert, egal ob es sich um einen technischen Fehler (der häufiger auftritt, als uns lieb ist) oder um eine fehlende Folie während einer Präsentation handelt, was Sie nicht bemerkt haben. Es besteht eine hohe Wahrscheinlichkeit, dass Sie Fehler machen, und zwar ganz unabhängig davon, wie vorsichtig Sie sind. Sie müssen diese Fehler antizipieren. Es geht darum, sich ständig zu verbessern und aus seinen Fehlern zu lernen.

Egal was passiert, Sie werden aus Ihren Fehlern lernen, genauso wie ich es in meiner frühen Karriere getan habe. Um Ihre Ziele zu erreichen, müssen Sie immer vorausplanen. Die Fehler, die Sie machen, definieren nicht, wer Sie sind, weil Fehler unvermeidlich sind. Nutzen Sie sie, um daraus zu lernen und sich beim nächsten Mal besser auf diese Fehler vorzubereiten. Sie müssen in der Lage sein, Ihre Fehler loszulassen und zu lernen, wie Sie es beim nächsten Mal besser machen können.

Durch die Fehler werden Sie nicht zu einem schlechteren Redner, auch wenn Sie sich hinterher über diese Fehler ärgern. Wenn überhaupt, bieten Fehler eine Gelegenheit, sich weiterzuentwickeln und seine Arbeitsweise zu verbessern. Machen Sie also nicht den Fehler zu glauben, dass Sie ein Versager sind, nur weil Sie es vermasselt haben. Vergessen Sie das Ganze, lernen Sie daraus und machen Sie einen weiteren Schritt nach vorne – das ist das Geheimnis für Wachstum und Erfolg.

Ihre Angst überwinden – Profil – Sie selbst

Ich möchte, dass Sie sich vorstellen, vor einer Menge von Hunderten von Menschen zu stehen. Sie betreten die Bühne und die Menge applaudiert. Sie lächeln das Publikum an. Von Ihrem Standpunkt aus blendet Sie das Licht und Sie können die Gesichter der Zuhörer kaum erkennen. Trotzdem merken Sie, dass der Raum voll ist.

Sie können fühlen, wie Ihr Herz in Ihrer Brust rast, doch Sie akzeptieren es und führen das Mikrofon an Ihren Mund. Sie atmen langsam aus, bevor Sie sich vorstellen. Sie machen keine Fehler und fummeln nicht mit Ihren Händen herum. Es gibt nur Sie und das Publikum und es hängt an Ihren Lippen.

Dies ist Ihre Geschichte und ich weiß, dass Sie sie verwirklichen können. Ich möchte, dass Sie sich konkret vorstellen, was immer Sie sich erträumen. Schreiben Sie Ihre Ziele auf, feiern Sie Ihre Erfolge und genießen Sie die Tatsache, dass Sie nicht nur in Ihrem Leben, sondern auch im Leben anderer Menschen einen Unterschied ausmachen.

Jetzt müssen Sie nur noch an die Arbeit gehen.

ABSCHLIESSENDE WORTE

Das Sprechen vor Publikum kann Ihr Leben verändern, da es Sie Disziplin, Selbstvertrauen und Stolz lehrt. Wenn Sie vor anderen Menschen sprechen, teilen Sie Ihre Ideen und können andere Menschen dazu bewegen, auf das zu reagieren, was Sie für wichtig halten. Als ich den Leuten erzählte, wie sich mein Leben verändert hat, als ich anfing, vor Publikum zu sprechen, glaubten mir viele nicht. Durch harte Arbeit und jahrelanges Lernen konnte ich allen beweisen, wie sich mein Leben verändert hat. Es gibt Tage, an denen sogar ich mich ehrfürchtig umschaue. Ich hatte das Glück, diese Veränderung bei so vielen Menschen gesehen zu haben – von CEOs bis hin zu Philanthropen.

Ich weiß, dass die Konzepte in diesem Buch Sie auf einen Weg führen werden, der in diesem Moment möglicherweise noch schwer zu ergründen ist. Sie werden feststellen, dass Sie bei jedem Meeting eine bessere Leistung erbringen oder dass Sie keine Angst mehr haben, mit einem Fremden in einem Lokal ins Gespräch zu kommen. Vielleicht sind Sie nicht mehr nervös, um bei der Hochzeit Ihres besten Freundes eine Hochzeitsrede zu halten. Was auch immer der Fall sein mag, ich weiß, dass Sie Ihre Probleme überwinden können, solange Sie den Prinzipien folgen, die ich Ihnen in diesem Buch erläutert habe.

Ein Teil dieser Veränderung zu sein gibt mir die Motivation, weiterhin anderen Menschen zu helfen. Ich kann nur hoffen, dass Sie sich weiterentwickeln und die Dinge erreichen, die Sie sich wünschen, und ich bin Ihnen dankbar dafür, dass ich eine Rolle dabei spielen durfte. Ich habe Ihnen nur die Mittel gegeben, um dies erreichen zu können, doch Sie müssen es nun selbst in die Tat umsetzen.

Dies ist der Teil, an dem Sie die Zügel übernehmen und sich an die Arbeit machen. Ich empfehle Ihnen, jene Abschnitte, die Sie am meisten ansprechen, noch einmal zu lesen und dieses Buch zu

Ihrem Vorteil zu nutzen, um ebenfalls ein erfolgreicher Redner zu werden. Sie müssen nur den ersten Schritt machen und Ihre Reise hat begonnen.

VERWEISE

„7 Things You Need to Know About Fear". Psychology Today, Sussex Publishers, www.psychologytoday.com/us/blog/smashing-the-brain-blocks/201511/7-things-you-need-know-about-fear.

„Acknowledging Your Fear and Finding Your Way Forward". The Center for Transformational Presence, 12. 2019, www.transformationalpresence.org/alan-seale-blog/acknowledging-your-fear-and-finding-your-way-forward/

Beqiri, Gini. „Best Practices for Designing Presentation Slides". VirtualSpeech, VirtualSpeech, 2018, www.virtualspeech.com/blog/designing-presentation-slides.

Boundless. „Boundless Communications". Lumen, www.courses.lumenlearning.com/boundless-communications/chapter/steps-of-preparing-a-speech/.

„Chapter 5: Adapting to Your Audience", www.cengage.com/resource_uploads/static_resources/0534637272/16296/PSEA_Summary_c05_rc.htm.

Chris Guillebeau. „It's Not About Overcoming Your Fears; It's About Acknowledging and Moving On: The Art of Non-Conformity", www.chrisguillebeau.com/acknowledging-and-moving-on/

„Fear". Psychology Today, Sussex Publishers, www.psychologytoday.com/us/basics/fear.

„Fear of Public Speaking: How Can I Overcome It?". Mayo Clinic, Mayo Foundation for Medical Education and Research, 2017, www.mayoclinic.org/diseases-conditions/specific-phobias/expert-answers/fear-ofpublic-speaking/faq-20058416.

Fearn, Nicholas. „Best Presentation Software of 2020: Slides for Speeches and Talks". TechRadar, TechRadar Pro, www.techradar.com/best/best-presentation-software.

Grayson, Lee. „Setting the Tone of a Speech". Small Business - Chron.com, Chron.com, 2017, www.smallbusiness.chron.com/setting-tone-speech-41439.html.

Hart, Bridgett. „4 Strategies to Overcome Fear Paralysis". Medium, Medium, 2013, www.medium.com/@hartconnections/4-strategies-to-overcome-fear-paralysis-93effc462dd.

Hoque, Faisal. „7 Methods to Overcome Your Fear of Failure". Fast Company, Fast Company, 2015, www.fastcompany.com/3046944/7-methods-to-overcome-your-fear-of-failure.

„How to use humor effectively in speeches". (2016). https://www.write-out-loud.com/how-to-use-humor-effectively.html

„How to Design a Presentation". Lucidpress, 2018, www.lucidpress.com/pages/learn/how-to-design-presentations.

Humphrey, Judith. „You Are Probably Making One of These 7 Mistakes in Your Everyday Speech". Fast Company, Fast Company, 2019, www.fastcompany.com/90314736/you-are-probably-making-one-of-these-7-mistakes-in-your-everyday-speech.

Layton, Julia. „How Fear Works". HowStuffWorks Science, HowStuffWorks, 2019, www.science.howstuffworks.com/life/inside-the-mind/emotions/fear7.htm.

Lott, Tim. „Children Used to Be Scared of the Dark – Now They Fear Failure". The Guardian, Guardian News and Media, 2015, www.theguardian.com/lifeandstyle/2015/may/29/children-used-to-be-scared-of-the-dark-now-they-fear-failure.

Morgan, Nick. „How to Become an Authentic Speaker". Harvard Business Review, 2019, www.hbr.org/2008/11/how-to-become-an-authentic-speaker.

Nediger, Midori, and Midori. „Presentation Design Guide: How to Summarize Information for Presentations". Venngage, 2019, www.venngage.com/blog/presentation-design/.

Palmer, Belinda. „Fear Paralysis Reflex, Anxiety, and Panic Attacks". Friends and Family Health Centers Blog, www.homewoodfriendsandfamily.com/blog/2019/10/15/fear-paralysis-reflex-anxiety-and-panic-attacks/.

Parashar, Avish. „How to Add Humor to Your Speech-without Being a Comedian". Ragan Communications, 2018, www.ragan.com/how-to-add-humor-to-your-speech-without-being-a-comedian-2/.

Ronnie Higgins. „Fun Activities to Spice Up Your Next Workshop (9 Ideas)". Eventbrite, Eventbrite US Blog, 2019, www.eventbrite.com/blog/9-ideas-to-spice-up-your-workshop-or-training-and-engage-your-audience-ds00/.

Ropeik, David. „The Consequences of Fear". EMBO Reports, U.S. National Library of Medicine, 2004, www.ncbi.nlm.nih.gov/pmc/articles/PMC1299209/.

Saab, A. T. J. A. L. C. (2017). „What Happens in the Brain When We Feel Fear". https://www.smithsonianmag.com/science-nature/what-happens-brain-feel-fear-180966992/

Schmitt, Jeff. „10 Keys to Writing A Speech". Forbes, Forbes Magazine, 2016, www.forbes.com/sites/jeffschmitt/2013/07/16/10-keys-to-writing-a-speech/#60cad69d4fb7.

„4 Tips for a Comannding Presence." Commanding presence, www.commandingpresence.com/single-post/2019/06/10/4-Tips-for-a-Commanding-Presence

Smith, Jacquelyn. „12 Tips for Overcoming Your Fear of Change at Work". Forbes, Forbes Magazine, 2014, www.forbes.com/sites/jacquelynsmith/2014/01/17/12-tips-for-overcoming-your-fear-of-change-at-work-2/#10ec8c102735

Smith, Jacquelyn. „13 Public Speaking Mistakes You Don't Want to Make". Business Insider, Business Insider, 2016, www.businessinsider.com/avoid-these-public-speaking-mistakes-2016-2#-13.

„Transitions in a Speech or Presentation". Manner of Speaking, 2019, www.mannerofspeaking.org/2019/05/12/transitions-in-a-speech-or-presentation/

van Mulukom, V. (2018). „How imagination can help people overcome fear and anxiety". http://theconversation.com/how-imagination-can-help-people-overcome-fear-and-anxiety-108209

Inspire Your Audience - Chapter 3: Preparation: The Source of a Speaker's Power, www.westsidetoastmasters.com/resources/powerspeak/ch03.html.

BONUSHEFT

Als Beilage zu diesem Buch erhalten Sie ein kostenloses E-Book zum Thema „Morgenroutinen der Gewinner".

In diesem Bonusheft „Morgenroutinen der Gewinner" erhalten Sie Übungen, die Sie in Ihrem Alltag problemlos anwenden können, um Ihr Selbstbewusstsein zu steigern.

Sie können das Bonusheft folgendermaßen erhalten:

Öffnen Sie ein Browserfenster auf Ihrem Computer oder Smartphone und geben Sie Folgendes ein:

gerardshaw.com/bonusheft

Sie werden dann automatisch auf die Download-Seite geleitet.

Bitte beachten Sie, dass dieses Bonusheft nur für eine begrenzte Zeit zum Download verfügbar ist.